花窗
风暖度香丛

潘鹏 孙哲 著

清华大学出版社
北京

版权所有，侵权必究。举报：010-62782989，beiqinquan@tup.tsinghua.edu.cn。

图书在版编目（CIP）数据

花窗：风暖度香丛 / 潘鹏，孙哲著. -- 北京：清华大学出版社，2024. 9. -- ISBN 978-7-302-67080-3

Ⅰ. K928.73

中国国家版本馆 CIP 数据核字第 2024KG1390 号

责任编辑：孙元元
装帧设计：谢晓翠
责任校对：赵丽敏
责任印制：杨　艳

出版发行：清华大学出版社
　　　　　网　　址：https://www.tup.com.cn, https://www.wqxuetang.com
　　　　　地　　址：北京清华大学学研大厦A座　　邮　　编：100084
　　　　　社 总 机：010-83470000　　邮　　购：010-62786544
　　　　　投稿与读者服务：010-62776969, c-service@tup.tsinghua.edu.cn
　　　　　质量反馈：010-62772015, zhiliang@tup.tsinghua.edu.cn
印 装 者：小森印刷（北京）有限公司
经　　销：全国新华书店
开　　本：154mm×230mm　　印　张：14　　字　数：201千字
版　　次：2024年9月第1版　　印　次：2024年9月第1次印刷
定　　价：118.00元

产品编号：092496-01

序

在西方,窗户就是窗户,它放进光线和新鲜的空气;但对中国人来说,它是一个画框,花园永远在它外头。

——贝聿铭

中国古典园林不同于严谨的欧式园林,造园时并不拘泥于几何式对称布局与黄金分割的理性原则,而是"师法自然"的,追求"虽由人作,宛自天开"的写意感。事实上,每一座园邸都是其主人精神世界的投射。

中国园林对窗的处理尤其重视。在造园过程中,框景是常用的手法之一。造园者借用门、窗"中空"的特性,有选择地"撷取"庭院中的美景,形如嵌入镜框中图画的造景方式。将花窗当作园林的"眼",故含纳万景于其内。

窗除了具有框景的功能之外,亦是诗文、书画、纹样的载体。花窗之于园林来说,不仅是一幅画、一屏诗、一盘棋,也是记录历史掌故、风水堪舆、家学传承的档案库。当人们驻足于琳琅斑驳的花窗前赏鉴、品评、忖度的片刻,或可"穿越时空"探寻历史的文脉和印迹,开启一程领略中国古典造园之美的旅行。

中国古典园林,特别是现存的江南私人园林,多为明清两代仕宦"功成身退"之后的安居之所。这些园林经过其家族几代人数百年不间断的营建与打磨,早已成为一件件精美绝伦的艺术瑰宝。它们承载着中华文明深厚的底蕴,是研究中国传统文化的典型样本。

关于中国古典园林的著述卷帙浩繁。李渔在《闲情偶寄》中说"吾观今世之人,能变古法为今制者,其惟窗栏二事乎!窗栏之制,日新月异,皆从成法中变出。'腐草为萤',实具至理,如此则造物生人,不枉付心胸一片……"故作者仅选花窗这一细微处落笔汇成此集,寄望于有缘人借《花窗:风暖度香丛》之"眼"来窥得些中国古典园林"庭院深处"的堂奥,即不负笔者为之付梓所做的努力。

潘　鹏

二〇二四年仲夏于北京心斋

目录

一 材料：巧于因借，虚实相生 1

1. 空窗（月洞、洞窗） 9

2. 瓦花窗和瓦花墙 15

3. 漏窗（花墙洞、漏砖墙等） 24

4. 盲窗（假窗、盲花窗） 26

5. 堆塑漏窗（捏塑花窗、塑窗） 28

6. 水磨砖细漏窗（砖细花窗、砖窗） 32

7. 砖砌窗（砖砌漏窗） 36

8. 木质花窗 39

9. 什锦窗 53

纹样：窗必饰图，图必吉祥 59

1. 基础纹样 60

（1）几何类 62

（2）图腾类 83

（3）植物类 98

（4）动物类 123

（5）物什类 133

（6）文字类 155

2. 寓意表现手法 *162*

3. 结构特点 *163*

4. 布局和形式 *166*

 分布：曲幽透漏，画龙点睛 *169*

1. 苏州虎丘 *170*

2. 镇江焦山 *172*

3. 镇江金山寺 *172*

4. 苏州寒山寺 *174*

5. 苏州沧浪亭 *175*

6. 扬州瘦西湖 *176*

7. 常州 舣舟亭（东坡公园、东郊公园） *176*

8. 苏州网师园 *177*

9. 苏州西园寺（西园戒幢寺） *178*

10. 苏州狮子林 *179*

11. 南京瞻园 *180*

12. 苏州拙政园 *182*

13. 苏州留园 *183*

14. 苏州艺圃 *184*

15. 上海嘉定古猗（yī）园 *185*

16. 无锡寄畅园 *186*

17. 上海豫园 *189*

18. 苏州同里陈御史府（珍珠塔）　191

19. 苏州同里耕乐堂　191

20. 苏州木渎虹饮山房　193

21. 苏州耦园　194

22. 常州近园　195

23. 苏州环秀山庄　196

24. 木渎严家花园　197

25. 扬州个园　198

26. 扬州何园　199

27. 苏州同里退思园　202

28. 扬州小盘谷　203

29. 苏州怡园　203

30. 扬州汪氏小苑　205

31. 常州荆川公园　206

32. 苏州园林博物馆　207

33. 扬州东圈门　208

34. 台湾林本源园邸　209

附录　洞门　211

参考文献　213

跋　215

材料：巧于因借，虚实相生

中国文化博大精深，简简单单一个"窗"字，细聊起来就是一部巨著。

西周开国之初（约前1046）掀起了以周公营洛为代表的第一次都邑建设高潮，还留下了各行业、各工种，以及制造工艺与制度方面的文献。其中《周礼·冬官·考工记·匠人》记录的就是关于王城规划的制度；有"窗助户为明""夏侯氏世室，四旁两夹窗"[1]等记载，意思是设置窗是为了补充门的不足，使室内更明亮。夏侯氏的宗庙，门的两边设有窗，每居室四户（门）八窗可见——我国早在夏代（前2070—前1600）就有了完整意义并被文字记录的"窗"（《营造法式》）。

东汉许慎所著《说文》："窗穿壁，以木为交窗，向北出牖（yǒu），在墙为牖，在屋为窗。"又《说文·囱》注："交窗者，以木横直为之，即今之窗也。在墙曰牖，在屋曰囱。"对"牖"与"窗"做出了更加精确的定义，也就是说，开在墙上的出口叫作"牖"，开在屋顶上的出口叫作"囱"（窗）。

古代叫作"窗"的那个东西，其实就是开在屋顶上的"天窗"。那个小短竖，就是屋顶上的烟囱。

后来，为了区别屋顶和墙壁上的窗，才在"囱"的上面加上了表示房屋的"穴"字，形成了今天的"窗"字。[2]历史上与"窗"字同义的还有：窻、窓、牕、牖等。

窗（篆文）

历代文人墨客对于"窗"这个题材绝不吝惜笔墨：六朝时，中国最早的山水诗人就已经敏感地发现了"窗"的审美意义，并在诗歌中描写窗所独有的空间意味。历史发展到唐宋，进入了建筑史上的一个重要时期，一切变得更加精致，留存于世

---

1. "世室"可当"宗庙""大室""大庙""明堂""宫殿"讲，祭祀、飨功、养老、教学、选士皆在其中。戴吾三. 考工记图说. 济南：山东画报社，2003.
2. 钱正雄. 这不是中国建筑史. 北京：清华大学出版社，2022.

的唐诗宋词中也出现了大量颂窗、喻窗的作品。唐诗中有近两千首，宋词中有近一千九百首提到过窗，或干脆以窗为主题。甚至还有很多直接以窗字为名的词牌，如"琐窗寒""红窗迥"等。很多著名的词人更以窗为自己的字号，如吴文英号梦窗、周密号草窗等，这些都显示出古人对窗的独特情感和审美倾向。

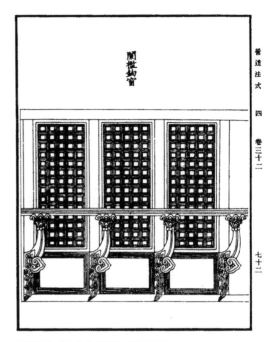

阑槛钩窗（北宋《营造法式》插图）

宋朝仍大量使用传统的、不可启闭的直棂窗，但也出现了可启闭的窗——阑槛钩窗，窗的下槛变成了带靠背的"坐槛"（后来的美人靠）。人们可临窗倚坐，晒太阳纳凉，呼吸新鲜空气，欣赏窗外风光……这种窗的出现完成了通风、采光、观赏、享受等多种功能。北宋《营造法式》中还给出了这种窗的图样，可见那时，这种多功能的窗已经发展得非常成熟。

到了明朝，崇祯七年（1634），苏州吴江同里人计成在五十三岁时著成世上最早的造园大作《园冶》，其中用较大篇幅讲述各种门窗款式以及相关纹样图案，尤其在"装折""门窗""墙垣"诸节还给出了很多具体的图样（参见本章第二节等）。

清代李渔所著《闲情偶寄》"窗栏"小序一节曰：吾观今世之人，能变古法为今制者，其惟窗栏二事乎？窗栏之制，日新月异，皆从成法中变出。"腐草为萤"，实具至理。李渔这位风流才子，吃喝玩乐样样精通，对于"窗"的研究，也相当有深度，确实达到了"腐草为萤"的境界。

李渔在《闲情偶寄》"窗栏"的"取景在借"一节讲了几个关于窗

的创意,其中一个特别有意思。大概是说:开窗最妙莫过于借景(其实也是"框景"),而我对于借景(框景)的方法造诣颇深,一向保密。现在痴迷者多了,将来一定有依样照抄的,不如现在就向世人公开,使物尽其用,人尽其乐。只希望你们快乐之余高呼几声我的字号笠翁,使梦魂得以相伴,能分享别人的快乐,我也就满足了。

他的创意是:以前住在西湖边想买一条游船(湖舫),大体上跟别人的一样,只是在窗格上要有区别。有人问我具体做法,我说把四面都封严实,中间留空,做成"扇面"的形状。严实处用板蒙上灰布,不要透光,虚的地方做成木框,上下两边是弯曲的,左右两旁则是直的,就像"扇面"的形状。窗子透亮没有遮挡,船的左右只有两个扇面,没有别的东西。

接着介绍其妙处:坐在船中,还不只是行船时摇一橹撑一篙就换一景,就算是缆绳系住后风摇水动,风景也时刻不同。一天之内,百千万幅山水图画,都收入扇面中。扇面的制作不用花费太多,不过两条曲木、两条直木罢了。这种窗子既能娱乐自己,又能娱乐他人。不仅把船外无穷景色都摄入船中,还能把船中人物和席面杯盘都映出窗外,以供来往游人玩赏。为什么呢?从里往外看,俨然一幅扇面山水;而从外往内看,也是一幅扇形的人物图画。譬如拉伎邀僧,呼朋聚友,与之弹琴作画,吟诗写字,饮酒唱歌,想睡就睡,想起就起……从外面看进来,没有一样不像是图画。扇面不是什么了不起的东西,照扇面的样子做窗子,也不是难事。

除了上述游船上的扇面形窗户之外,李渔在《闲情偶寄》"窗栏"一篇中还介绍了诸多关于窗的设计心得与技巧,譬如用枯木做成酷似天然的梅花窗,扇形的花卉窗,虫鸟窗,山水图画窗,尺幅窗,等等。仔细阅读他的这些文字,"借景"(框景)和"虚实"的概念清晰可见:没有生命的窗(框)加上窗外有意无意的天然景色,窗就不再是原先的窗,成了图画;这一个"借"字,借的是窗外之景;窗子四周的遮挡物,无论是墙体、木板还是灰布均为"实",窗洞内呈现的天然景色为"虚",这就又有了"虚实"二字。国人自古以来就以为"虚实之间可生出妙趣无限",无论诗文中的"实处写景虚处言情",还是绘画中的"机趣所至妙有虚实",到造园章法里的"或藏或露实不离虚",无不以"虚实"二字贯穿始终。

提到"虚实",《浮生六记》卷二中,沈复老先生也有一段有关虚实藏露的文字,精辟之至,也意译如下:……园中亭台楼阁相连、回廊曲折,假山堆叠,栽花植木,得到美景,要领在于大中见小,小中见大,虚中有实,实中有虚,或藏或露,或浅或深。不仅仅在于"周回曲折"这四字,也不在于地方大石头多,消耗劳力工费。只要掘地堆土成山,间以块石花草,用梅花编成篱笆,以藤条牵引成墙,本来没有山的地方就变成了山。**大中见小**,即在空地种上容易生长的竹子,用容易枝叶繁茂的梅花编起来作为屏障。**小中见大**,就是把院子狭窄的墙头做成凹凸起伏的形状,用绿色藤蔓覆盖,镶嵌刻了字的大石块;推开窗户就像面临石壁,便觉得峻峭无穷。**虚中有实**,就是到了山穷水尽之处,一转折便豁然开

[清]李渔的扇面湖舫[1]

朗:在一些轩房、阁楼、厨房等处开一道门,通往别的院子。**实中有虚**,就是在没有通道的院子里开一道门,用竹石掩映,好像另有院落,其实是没有;在墙头设置矮栏杆,就像上边有月台,其实也是假的。

沈复文中"大中见小,小中见大,虚中有实,实中有虚,或藏或露,或浅或深"这廿四个字,不正是江南私家园林的造园真谛吗?从明

1.(清)李渔.白话闲情偶寄.天津:天津古籍出版社,1993.

代造园家计成的"虽由人作,宛自天开""巧于因借,精在体宜",到李渔"取景在借""虚实相生"的窗景,沈复的"大小深浅、虚实藏露"的造园章法,异体同心、殊途同归,无不体现出古人造园的思想方法、智慧和其中的文化含义。细细追究起来,其间"虚实相生"的概念,甚至可以上溯至公元前春秋时期老子李耳《道德经》中"有无相生"的理论。

所谓虚实,可以体现在许多方面:如以山与水来讲,山为实,水就为虚;以山本身来讲,凸出的部分为实,凹入的部分就是虚;再如果把水看成实,岸边景色在水中的倒影,还有潺潺水声都是虚的;以建筑来讲,粉墙为实,廊以及门窗孔洞等为虚……虚与实既互相对立又相辅相成,只有虚实之间互相交织、穿插,而达到虚中有实,实中有虚,才是我们心目中的完美境界,这种美学乃至哲学观是中国人所独有的。

本书将要议论的主要对象"花窗",在古典园林中只是一个小小配角,然而同样遵循着"巧于因借、虚实相生"的理念:花窗独有的框景、借景、泄景、导引等诸功能自不用多说;只说窗框为实,窗棂就是虚;若以窗为实,窗中之景即虚;又以窗为实,窗花蕴含的象征寓意也是虚;再以窗为实,透过窗棂投射到粉墙地面的斑驳光影同样为虚……"大小深浅、虚实藏露"间所包含的对立统一法则和辩证关系,形成了国人特有的对现象与本质的深刻认识,形成了独有的思维和审美方式,这些也同样体现在园林花窗之中。

现代建筑学里的"窗"就是开设在墙面或屋顶,用来通风透光的洞口,通常都配有可开启闭合的窗扇。现代科技昌明,窗子的材料已不再限于砖瓦竹木石料,常见的还有铝合金、塑钢之类,平移对开折叠等式,不过有限的几种;框宕横平竖直,玻璃晶莹剔透,外观却大同小异,千篇一律。遮风挡雨和透光的功能比前述计成、李渔、沈复的窗户强了太多,实用功能出色,缺的是艺术内涵,更别提植入寓意希冀、文化元素了。

回首再看中国传统建筑与古典园林中的窗,内容就要丰富得多了:不同的制作方式与材料,不同的形状与图案,不同的组合与布局,不同的场合和人群……这一切，形成了中国特有的"窗文化"。

传统园林中的"花窗"按制作方式与材料，大概可分成：空窗，漏窗，塑窗，瓦搭窗，水磨砖细窗，砖砌窗，预制花窗，预制花格，石窗，木质花窗，砖雕花窗，什锦窗等十多种。如传统木质带花格的一类，按形状和特征还可细分为长窗、短窗、半窗、地坪窗、横风窗、和合窗（支摘窗）、景窗等。漏窗一类又可细分为砖瓦木搭砌漏窗、堆塑窗、水磨砖细窗、砖砌窗、瓦搭窗、盲漏窗等；按材料和工艺还可分为砖瓦木的，混凝土的，陶瓷的，琉璃的，等等。除却以雕刻工艺为主的"石窗""砖雕窗"以外，"木质花窗"和"漏窗"的纹样图案最为丰富多彩，也蕴藏了更多的文化内涵。

比较而言，二者中"漏窗"在寓意内容方面更胜一筹，所以"漏窗"才是本书要介绍和谈论的主要类别，同时也会兼顾介绍其他种类的"花窗"。

空窗（洞窗）

漏窗（花墙洞）

塑窗（捏塑窗、堆塑窗）

砖砌窗

盲窗（假窗）

水磨砖细窗

琉璃花格

什锦窗（北方）

木质景窗

木质长窗

瓦搭窗（花墙洞）

石窗

1. 空窗（月洞、洞窗）

《营造法源》第十三章五节述：凡走廊园庭之墙垣辟有门宕，而不装门户者，谓之地穴。墙垣上开有空当，而不装窗户者，谓之月洞。前文"地穴"二字实在不雅，不宜引用；"月洞"的名称虽颇具诗意，可惜用的人也不多。究其原因，是园墙上所开窗洞的形状，很少有跟满月或月牙一致的。若统称为月洞，则大多名不副实，所以无论业内师傅们口中还是文献上、百姓间，很少见到或听到"地穴""月洞"的称呼，最常看到或听到的是"洞门""门洞"和"洞窗""空窗"。这几个称呼虽然也算不得雅致，然而叫的人多了，便也成了近乎正式的名称。

"空窗"是指墙面上仅有窗洞，不设窗棂或窗芯的窗。空窗在园林建筑中，除了通风透光的实用功能之外，还有着非常重要的美学意义和无可替代的构景作用：空窗可以使几个空间互相穿插渗透，将内外景致融为一体。透过空窗看向另一面，空窗就成了取景框，窗外或一丛秀竹、一株芭蕉，或一峰湖石、一方亭角。景在窗中，四季不同，仿佛一幅幅鲜活的图画。空窗还能增加景深、扩大空间视觉效果。传统园林中常以设置空窗的手法，获得深远优雅的意境。

《扬州画舫录》卷六"城北"一节，觞咏楼联云："香溢金杯环满坐（徐彦伯），诗成珠玉在挥毫（杜甫）。"楼之左作平台，通东边楼。楼后即小洪园、射圃，多梅，因于楼之后壁开户，裁纸为边，若横披画式，中以木槅嵌合，俟小洪园花开，趣抽去木桶，以楼后梅花为壁间画图，此前人所谓"尺幅窗、无心画"也。说的是清代扬州觞咏楼的"空窗"构思巧妙，在墙面上开挖窗孔后，做一条纸糊的边，像一道横批（一种横式的画轴）。无花时以木槅嵌入，像平常的窗子；待到梅花开时，拆掉木槅，楼后小洪园的梅花就成了觞咏楼的壁画，借景框景，自然生动，典雅有趣，可称得上匠心独具了。

空窗和漏窗一样，同样可以在一面墙上连续布置，成为一个小品群，引人入胜。如扬州何园闻名遐迩的一组空窗（参见第三章26节）。

空窗虽然没有窗棂，但远不止在墙上挖个洞那么简单。其材料和工艺可以非常讲究，窗框的形状也可以不拘一格，有简单的矩形、圆形、多边形，也可以有很复杂的轮廓，优美高雅。

苏州和扬州园林的空窗，通常以上好青砖（俗称金砖或京砖）锯刨砍磨出边框和线脚，以油灰镶砌、水磨而成。从远处看去，青灰色的窗框在白色粉墙衬托下，曲线绰约典雅有趣；近瞧则砖面光滑如镜，拼缝细如发丝，瓦作工艺极为精致，宛如工艺品，令人怜爱，不忍离去。

右图是镇江焦山乾隆行宫的一处很有特色的空窗，历经二百五十多年仍保持完好。特别是左边的空窗，做成了博古

扬州何园空窗细节

镇江焦山乾隆行宫

架的形状，可在其上放置一些皇帝喜欢的盆花、盆景，构思巧妙，用心良苦。这种有博古架功能的空窗，在其他园林中并不多见。

扬州个园以石、竹见胜，除了大片竹林外，园中还以假山配合其他元素堆砌出春夏秋冬四景，园主身居四面厅内即可观赏四时之景。下页空窗位于冬景附近，为了使冬天的意味更浓烈，造园家在墙上有规律地排列了可因高墙狭弄气流回旋发声的圆洞。更有诗意的是，通过这些透风漏月的圆洞，人们探见到的却是春景的翠竹、石笋，寓意充满希望的"冬去春

来"。这种有意识地利用建筑结构和自然现象产生音效与视效的手法,烘托了园景主题的创意,独此一处,非常难得。

扬州个园冬山空窗群24个风音洞及空窗细节

下图是苏州园林中一些典型的空窗实例,框景效果显而易见。苏州园林里的空窗(洞窗),绝大多数用水磨的青砖制作窗框,油灰拼砌,砖缝平整,颇为考究。

苏州留园矩形空窗一

苏州留园矩形空窗二

苏州拙政园六角形空窗　　　　苏州留园六角形空窗

空窗的尺寸，小的不足一平方米，大的可达五六平方米，甚至更大。空窗大到极致之时，就几乎没有了窗框，形成了一种南方园林独有的建筑形式：下面只剩下矮矮的一点墙可供坐下小憩，上面饰有一点挂落。远看如一幅立体的图画，也像个舞台；近看则是一个小小的天井，通风、透气、采光、景致兼而有之，别有一番情趣。

空窗本身虽然空无一物，然而四周的砖砌框宕同样不可小觑，《考工记解》述："天有时，地有气。材有美，工有巧，合此四者，然后可以为良。"且不说砍刨锯磨的工序一旦出错便前功尽弃，也不提仔细拼砌再

严家花园大空窗

怡园大空窗

留园大空窗

水磨的功夫，单说它的材料就大有来头。据相关资料记载，能够用来做园林空窗框宕的，必须是苏州北郊吴县陆墓地区出产的"金砖"（京砖），该地区自宋元以来一直是优质砖瓦的重要产地。明代张问之撰《造砖图说》，叙述了从选择泥土开始到制作，八月成坯，入窑烧制百三十日，朝廷订货品质检验之严格、窑户不胜其累而自杀的艰辛，以及作者张问之绘撰该书"进之于朝，冀以感悟"的目的。

游览过江南园林的细心朋友，应该会发现一个有趣的现象，就是差不多每个园林，都会在显眼的位置，郑重地摆一张小桌，小桌上"供奉"着一块"金砖"，还一本正经地配上条幅、匾额、景窗等，甚至专门为它造了亭子——这是什么意思？作者年轻时出于好奇，曾多方打听讨教，得到过多种解释：

一说，金砖（京砖）是皇家专用，皇帝有时把撤换下来的旧砖赐给王公大臣，得赐者尊金砖如尊皇上，将其供奉在显要处的桌几上，世代相传。

二说，在家里供奉一块金砖，表明家世显赫，蕴含着震慑外客的意思。

三说，一块京砖价值一两黄金，这么做是为了"炫富"。

四说，金砖可作为上好的琴砖，置古琴于其上，演奏时琴音会更加优美清越。

五说，古人利用金砖吸水快的特性，在其上练毛笔字。

六说，金砖有收藏价值，升值空间较大，可以作为收藏品。

依作者看，恐怕这几者兼而有之，全看主人家的需要。想不到一坨泥巴烧成的一块砖头，竟能有如此深奥的文化内涵。在现代人看来，或许有些可笑，却是实实在在的一段历史、一种文化。

供奉"金砖"的桌几

2.瓦花窗和瓦花墙

姚承祖在《营造法源》十五章"园林建筑总论"六，花墙洞一节中说道：……花墙外形不一，或方，或圆，或六角，或八角，或扇形，或叶形等。框中构图，更以用材不同而异，初仅以瓦片配搭而成，后以木片构钉刷以白粉。造图构型，更无限制，可随设计者之匠心，而成精美之花纹……可见，以瓦片所搭砌的瓦花窗早于砖瓦木搭砌的花窗出现在园林中，瓦花窗的历史更为悠久。

姚承祖又说：……瓦片所搭者，有金钱、锭胜、海棠、破月、水浪诸景，称为瓦花墙。多用于外墙之顶，瓦粉白，其端刷黑，黑白相映，倍觉鲜明，另成风趣。说的是用瓦片搭砌成的花墙（花窗），多用于外墙的顶部，瓦片粉刷成白色，瓦片的端部刷成黑色，黑色和白色相映成趣。

下附《营造法源》图版四十五的九幅小图，悉数为瓦片所搭砌之花窗，为求清晰，这些小图本书作者已经重新绘制，图案名称则照抄原文所载：

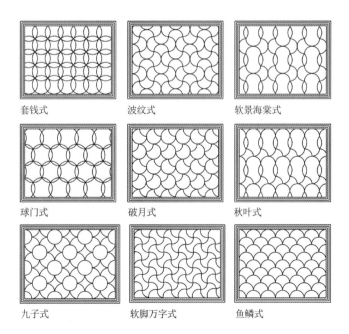

重绘《营造法源》图版四十五瓦花窗

业内、文献中和百姓口中,这种花窗的名称较多,如"瓦花窗""瓦花墙""青瓦窗""瓦窗""瓦花格",等等。前文姚承祖所述"瓦片所搭"即本书"瓦搭花窗"名称的由来。

"瓦搭花窗"是指窗棂部分全部用瓦片搭砌的花窗,通常用蝴蝶瓦或筒瓦搭砌而成。若仅用同一规格的瓦片,所搭砌出的花样就比较单调死板,缺少韵味;若能用几种不同曲率的瓦片配合起来使用,就可设计出更加丰富活泼的图案。瓦搭花窗是现存园林和民间建筑中最常见的花窗形式之一。

扬州何园成排瓦搭花窗及单个瓦搭花窗

多种明清遗存文献中还提到过一种"瓦花墙",这是一种全部或大部分墙面用瓦片连续搭砌而成的墙。据说古时殷实人家以这种墙来防止盗贼攀援,现存已很少见,下面两幅照片可资参考。

苏州同里罗星洲码头瓦花墙及细节

在某些南方园林中，我们至今还可以看到一些云墙的顶部使用精致的瓦搭结构。如下图所示，拍摄于上海豫园，顶部瓦片所搭，既有上文所述的防止攀援的功能，又利用了瓦片搭出的鳞状图案形成"龙墙"，艺术价值更胜于使用价值。

上海豫园龙墙顶部及瓦搭细节

最近一些年，各地在修复名胜古迹、新建旅游景点的时候，也会用瓦片搭砌出一片"瓦花墙"。虽然同为瓦花墙，用意却与古人完全不同，多出于"复古""新鲜""好看""好玩""装饰""与众不同"等目的。

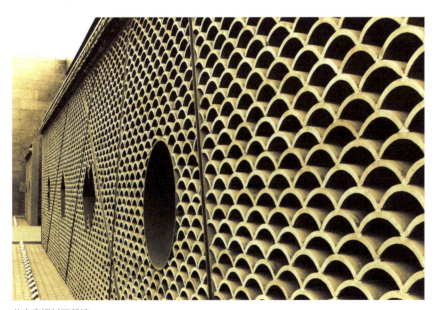

北京奥运村瓦花墙

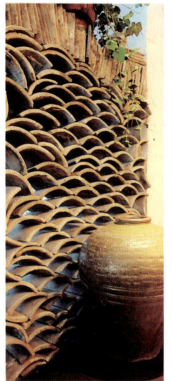
某展览会

某旅游景点

某公园瓦花墙景观小品

前文已述及的苏州胥口香山人姚承祖，在《营造法源》里讲到，瓦花墙早于砖瓦木搭砌花窗流传于世；而在姚承祖之前三百年，同是苏州人的《园冶》作者计成老先生，却似乎对瓦搭花窗嗤之以鼻。他在《园冶》的"墙垣"一节中说道："凡有观眺处筑斯，似避外隐内之义。古之瓦砌连钱、叠锭、鱼鳞等类，一概屏之，聊式几于左。"园林中的墙垣，凡是隔墙有景色可观赏的，都在人们视线所及的高度设置漏窗，既有避外隐内的功能，也有隐显藏露之趣味。古时用瓦砌成的连钱、叠锭、鱼鳞图案，一概不予采用，以雅致者略绘数式于后。

在同一节中，附有"漏砖墙图式"，一共绘制了十六种他认为值得推荐的图案式样："漏砖墙，凡计一十六式，惟取其坚固。如栏杆式中亦有可摘砌者。意不能尽，犹恐重式，宜用磨砌者佳。"大致意思是："漏窗，只选择了坚固的，画出了十六种款式。在本书的栏杆一节中，有些图案也可以采用。为了怕重复，不可能全部画出来，最好是用磨制的砖砌成。"

下附《园冶》推荐的十六种漏窗款式。注意左上角第一图"漏砖墙式一"中"实脚"二字所在的部位，是指要用砖实砌的部分。

这十六种漏窗图案，应该全部都是用砖砌成的。根据前述的两段文字推测，计成似乎是反对（至少是不推荐）用瓦片搭砌漏窗的，大概在于嫌瓦搭的花窗不够坚固，而连钱、叠锭、鱼鳞等传统图案也不够雅致。他主张用磨制的砖砌成的漏窗。计成原籍虽是苏州吴江同里，中年后却定居镇江，辗转于扬州南京一带专事造园，如仪征寤园、南京石巢园、扬州影园等。其上述的主张和给出的漏砖墙图样，不禁令人隐隐地联想到镇江、扬州附近，现存园林中有大量砖砌花窗和水磨砖细花窗，或许正源于此（本书后面的章节中还要述及）。

有趣的是，计成以后的几十年，同为清代人的李渔对漏砖墙和瓦花墙的安全问题提出了担忧，直截了当地认为计成在《园冶》中推荐的各式花墙不安全，有隐患。他认为：至于墙上嵌花或露孔，使内外得以相视，如近时园圃所筑者，益可名为女墙，盖仿睥睨之制而成者也。其法穷奇极巧，如《园冶》所载诸式，殆无遗义矣。但须择其至稳极固者为之，否

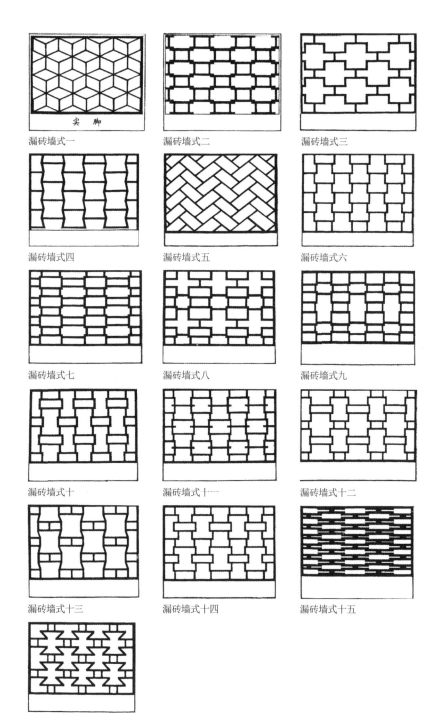

园冶漏砖墙图式

则一砖偶动,则全壁皆倾,往来负荷者,保无一时误触之患乎?坏墙不足惜,伤人实可虑也。[1]

接着,李渔还提出了他的漏砖墙方案:予谓自顶及脚皆砌花纹,不惟极险,亦且大费人工。其所以洞彻内外者,不过使代琉璃屏,欲人窥见室家之好耳。止于人眼所瞩之处,空二三尺,使作奇巧花纹,其高乎此及卑乎此者,仍照常实砌,则为费不多,而又永无误触致崩之患。此丰俭得宜,有利无害之法也。这段大概是讲:我认为从墙顶到墙根,都砌上花纹,不只极危险,而且太费人力(其实计成从没说过要从墙根到墙顶全砌成花纹,计成说的是"凡有观眺处筑斯",并且在式一中也已注明下部"实脚")。之所以留孔以通内外,不过是用来替代琉璃(玻璃)屏风,使人得以看到他家花园的美好而已。

南方园林中,还有在实墙之上砌花墙的形制。这类墙极高,是一般砖墙高度的两倍左右。下用砖砌实墙,上为漏砖或瓦砌花墙,远远望去,即知墙内有亭泉花木之胜。这墙高可以防盗,花砖漏墙不可攀援,一旦攀爬即会坍塌,砖瓦落下可防盗贼,又有声响惊醒主人。风雅与防盗在漏砖墙上合为一体,一堵花墙,两种功能,可见其智慧。

江南地区台风频繁,在很高的墙上设置一些瓦搭花窗,还有降低墙体重量、减少墙面风压的作用。下页图中可见墙根种有芭蕉树,这也是一种习俗,或者可以说是一种智慧:人们通常不在靠墙太近的地方种植高大的树木,防止有人利用树木攀爬出入。但是为了美化单调的墙面,可以种植芭蕉,芭蕉的茎干绿叶娇嫩柔弱不能承重,却能与粉墙相映成趣,雨打芭蕉的淅沥之声还可平添些许诗意。

据作者多年实地考察,扬州的几处园林中保留了较多的瓦搭花窗,还有很多明清留存的原始实例,其中不乏精品。上海和周边的几处园林也有比较多的瓦搭花窗,比较起来,苏州园林中瓦搭花窗数量却很少,少到很

---

1. "女墙"即高出城墙顶部的带缺口的小墙(古时女字亦可当小字讲)。"睥睨"的原意是躲在女墙孔洞后窥视的意思,所以古时也称"女墙"为"睥睨",后因拗口而多用"女墙"替代。现代把高出建筑物主体的墙称为"女儿墙"。

难寻觅，且多出现于外围墙顶部或无关紧要之处，如下图所示，瓦花窗所占的数量比例也比扬州、无锡、南京、上海等地小很多。

苏州环秀山庄瓦搭花窗

苏州环秀山庄外围墙瓦搭花窗群

瓦搭花窗有简单易行、造价低的优点，非常值得在城市改造中推广，用来美化墙面。下图为作者收集的瓦搭花窗图片，多数来源于无锡蠡湖公园、上海松江醉白池，其中有些构思很巧妙，可供有兴趣的业者参考借鉴。

瓦搭花窗示例

3. 漏窗（花墙洞、漏砖墙等）

《营造法源》第十五章曾述及：园林墙垣，常开空当，以砖瓦木条构成各种图案，中空，谓之花墙洞，亦称漏墙、漏窗，以便凭眺，似有避内隐外之意。在窗洞里装饰各种纹样图案的窗棂，称为漏窗，这是最为常见的花窗形式，也被称为"透花窗""花墙洞""漏砖墙""漏明墙""透漏窗"等。

需要指出，广义的"漏窗"，其实包括了窗芯全部用瓦片所搭砌的瓦花窗，砖瓦木搭砌的漏窗，全部用砖砌成的砖砌花窗，更为高档精细的水磨砖细花窗，还有陶瓷的、琉璃的、混凝土的……为了叙述和议论时方便，本书中已经把它们分门别类，而本节要简单介绍的是南方园林最为常见，也最有艺术和文化内涵的"砖瓦木搭砌漏窗"。这种漏窗是园林建筑中最能随匠师们自由发挥的窗，通常都没有窗扇，不能关闭和开启。漏窗大多设置在园林内部的分隔墙面上，以长廊和半通透的庭院中为多；它们构思独到，图案纷呈，题材丰富，几乎找不到完全相同的，具有极强的实用性和传统文化美学价值。

漏窗的运用，在空间上、景物间，既有连通的作用，也有分隔的效果，这正是漏窗的特点——"既通又隔，似通还隔"。通过漏窗，人们可以看到隔墙若隐若现的景色，依稀可见隔墙内花园里的精彩，但又"隐隐绰绰，露而不尽"，非常符合中国人的审美习惯，吸引人们去进一步探幽。因此，漏窗还有泄景、导引的功能。

漏窗有单个设置的，更多的是成排成组的。人们透过单个的漏窗，往往只能看到窗外的一枝半叶，形成的是一个个点缀小品，得到的是一个个突然的惊喜；而连续成排的漏窗，则能随着观赏者的移动，不断透露出窗外另一面的景色，走完一排花窗，如同欣赏了一幅绝妙的长卷。随着脚步轻移，看到的景色也在变化，这就叫作"移步换景"或"一步一景"。

苏州留园"古木交柯"对面连续的六孔花窗是成组花窗里素负盛名的；沧浪亭从"面水轩"到"观鱼处"的复廊，"御碑亭"前后的长廊，虎丘万景山庄围墙都有连串几十幅漏窗，各不相同，洋洋大观，令人叹为观止。

留园六孔成排花窗

沧浪亭复廊墙成排花窗

虎丘万景山庄成排花窗图

沧浪亭长廊墙成排花窗图

苏州园林中的这一类花窗，通常以望砖、木板、瓦片等材料搭砌（近年也有用钢丝网弯曲成骨架的），这种工艺为匠师们在花窗中嵌入各种寓意和符号象征，表达邪趋吉、祈愿祝福等深层次的民族文化内涵提供了可能。譬如下面六幅花窗的图案中就融进了多种情境寓意，以独特的图案语汇，寄托了祝福与希冀。

沧浪亭（平升三级）

沧浪亭（福满堂）

西园寺（佛光普照）

怡园（牡丹富贵）　　网师园（冰梅高洁）　　拙政园（福寿）

4. 盲窗（假窗、盲花窗）

"盲窗"，其实是从上节所述的"漏窗"变化而来的。漏窗大多设置在园林内部不同景区的分隔墙上，尤其多见于长廊隔墙和半通透的庭院墙中，因其通透的特点，漏窗很少直接用在外围墙上。

对于园林最外侧的围墙，为了改变其单调死板的外观，也可以用花窗来进行装饰点缀以增加围墙的观赏性。为照顾墙内隐私，可在围墙朝外的一侧做成看似漏窗的样子，实际上并不漏空。从内侧看，它仍是普通的墙；这种一面看来是墙，另一面看是花窗的做法，称为"盲花窗"或"花窗墙"。

在园林外墙朝向街道一侧的墙面设置盲窗，叫作"外盲窗"，有增加城市文化气息、美化市容的效果。

苏州狮子林外盲窗　　　　　　拙政园大门口两侧大幅外盲窗

常州荆川公园成排外盲窗

当然，也可以在园林外墙的内侧墙面布置盲窗，朝外的墙面看起来仍然是普通墙，这种盲窗叫作"内盲窗"。因为它们不再通透，所以也就不再具有漏景和导引的作用，只有单纯的墙面美化装饰作用。

沧浪亭内侧成排盲窗

金山寺东门盲窗

沧浪亭盲窗

寒山寺盲窗

严家花园盲窗

近些年，我国南方的很多城市为了强化城市文化气息、美化市容，越来越多的建设项目在外围墙上，甚至工地临时围墙上都使用了"盲花窗"这种墙面装饰形式。所费不多，但改善了城市景观，文化传承的效果很好，值得推广。

5. 堆塑漏窗（捏塑花窗、塑窗）

园林花窗，有像流行歌曲的，也有像交响乐的。前面漏窗和盲窗的图案语言就像听不大懂的交响乐，想弄懂它们，还真要知道一点传统文化，端详一番，动动脑筋；而现在要讨论的堆塑花窗就像是流行歌曲，很大众化，多数人都能看得懂——松竹梅菊、花鸟虫草、珍禽异兽、琴棋书画、民间故事、神话传说，等等，都可以成为堆塑花窗的题材，各种元素的搭配和寓意也有约定俗成的解释，多用于敬老行孝、宗教劝喻、惩恶扬善。

在本书涉及的三十多个南方园林里，仍留存塑窗的园林极少，苏州木渎镇的虹饮山房却是一个例外（苏州狮子林与上海豫园也有一些）。下面各图就是虹饮山房堆塑窗的部分照片，虽然很多破损处露出了铁丝甚至圆钢，暴露了现代修缮痕迹，但至今仍拥有如此大量堆塑花窗，因此更显得弥足珍贵。

琴

棋

六合同春

书

画

鱼戏莲荷

木渎虹饮山房堆塑窗一

鸳鸯戏荷　　松鹤延年

凤凰牡丹　　吉祥如意　　　　　　喜上眉梢

木渎虹饮山房堆塑窗二

　　以下八幅塑窗，同样保留在木渎虹饮山房。八幅为一组，以八仙平时所持的宝物作为象征，代替八位大仙，所以称为"暗八仙"。这比直接引用八仙本尊形象要简单方便很多，是一种非常巧妙的艺术表现手法。

渔鼓（张果老持）　宝剑（吕洞宾持）　笛子（韩湘子持）　荷花（何仙姑持）

葫芦（李铁拐持）　扇子（钟离权持）　玉板（曹国舅持）　花篮（蓝采和持）

暗八仙

下面四张图则用花果象征了四季,可惜在几度修缮过程中面目大易,已看不出真容。

苏州沧浪亭"春海棠"

苏州沧浪亭"夏荷"

苏州沧浪亭"秋桃"

苏州沧浪亭"冬石榴"

目前,其他园林尚存个别堆塑小品,期待得到好的保护。

常州荆川公园塑窗一

常州舣舟亭塑窗

常州荆川公园塑窗二　　　狮子林嵌花漏窗

常州近园嵌花漏窗　　　　上海豫园嵌花漏窗

上海豫园嵌花漏窗细节

6. 水磨砖细漏窗（砖细花窗、砖窗）

"砖细花窗"是中国南方园林花窗中一个重要的品种，全称"水磨砖细漏窗"。其材料是上好的特制青砖，根据图纸，仔细锯、刨、砍、磨出准确形状；然后用糯米汁拌石灰（或油灰）镶嵌，必要时用竹或金属销钉辅助定位。砖间灰缝细如发丝，部件制作和安装施工的技术要求非常高，工序多，工艺复杂，成本很高。其成品几乎全为无表面涂饰的"清水"形式，其看点就是材料和精细的工艺。

据作者多年实地考察，苏州园林中现存的砖细花窗极少；而扬州的私家园林花窗中，除却部分瓦搭花窗外，悉数是"水磨砖细"或稍粗糙一点的"砖砌"花窗（当地人统称为"砖窗"）。其中不乏高水平的实例。

扬州个园砖细花窗（2500mm×1860mm）

以扬州园林为代表的砖细花窗，其材料基本为磨制加工的"青砖"；偶尔出现少量带有圆弧的部件，需要用上好"金砖"为材料，经锯、刨、砍、磨等复杂工序加工而成，成本很高，制作也非常麻烦。所以构成砖细花窗图案的基本元素就被限制为长短不等的直线。

下图是扬州何园和个园砖细花窗的细部,有些已历经二百余年仍完好如初,若无意外,再留存三五百年应也无问题。看得出每一幅砖细花窗都显示了业主的经济实力,更重要的是,每幅花窗都倾注了造园匠师们的心血,它们不再是单纯的建筑部件,而是独一无二的工艺品。

扬州何园砖细花窗细部

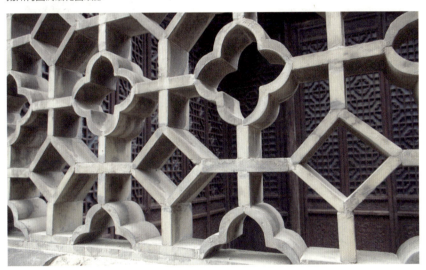

扬州汪氏小苑砖细花窗细部

以直线为主的图案俗称"硬景",其变化范围受到很大限制,所以砖细花窗图案的变化不会太丰富。常见的硬景图案除了以直线组成的矩形、菱形、多边形等简单几何图形外,能算得上传统纹样的只有方胜、盘长、风车、龟锦、橄榄、方如意、步步锦、灯笼纹、套方纹、井字、十字、万字、万不断、回纹、冰裂、亚字、人字等相对简单的几何纹样,很难从现存纹样里解读出更深层次的寓意内涵。

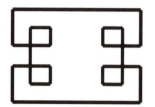

万不断基础纹样

苏州园林中的花窗,早期多为"砖瓦木搭砌"而成,近代也有用"钢丝网水泥砂浆"工艺制成,所用材料不拘一格,形状变化轻而易举,这就为打造丰富的纹样图案提供了条件。所以,苏州园林里的花窗图案多为蜿蜒曲线,俗称"软景":比起扬州园林里的硬景砖细花窗,造价更低;而意蕴内涵却丰富得多,多变的图案为业主和匠师们在花窗中嵌入各种寓意,为符号象征、辟邪趋吉、祈愿祝福等深层次的民族文化内涵提供了可能。譬如下图所示的六例花窗的图案,都包含着切实的寓意。

扬州何园砖细花窗

苏州沧浪亭寿字等(长寿)

苏州虎丘牡丹如意等(富贵)

苏州留园蝴蝶等(长寿)

苏州拙政园鱼纹等（富裕）

苏州拙政园蝙蝠九子等（幸福）

苏州拙政园花瓶如意等（平安）

扬州自古便是豪商巨贾云集之地，特别是明清时期，两淮的盐业经济一度成为国库收入的主要来源之一。当时扬州的商贾们，银子比文化更多，在商人阶层亦尊亦卑的社会氛围下，出于展示自身社会地位的需要，置业造园自然要追求精益求精，用料高档，做工考究，连假山都恨不得用银子堆就（参见第三章25节）。明清以来，有很多原本发迹于苏州附近的造园巨匠，如苏州同里人、《园冶》作者计成，华亭人（上海嘉定北）张南垣，常州人戈裕良等，也纷纷去扬州献艺发展，由此可见一斑。

另一方面，清朝盛世时，帝王通过运河南巡时会路过扬州。因此，扬州的园林建筑多少借鉴了北京园林的风格，在花窗上也有体现。

苏州园林的主人大抵为士大夫和文人雅士，还有不少遭贬谪、已退休的过气官吏。这些人中很多郁闷失落，已不再需要展示社会地位的显赫，内心世界自然地通过各种建筑符号流露出来。他们也有足够的时间追求布局精巧峰回路转，追求曲折迂回意境雅致，追求山林野趣和诗情画意。他们需要能供其修身养性，三五知己喝茶赏花，聊诗论画，颐养天年的高雅场所。这种由文人主导设计和施工的园林，妙在自然巧于人工，山环水抱曲折蜿蜒，湖光山色鸟语花香，亭台楼阁参差错落。在极为有限的空间里，以山池、亭阁、廊舫、堂榭、墙垣、门窗、对联、牌匾、花木为素材，极尽参差运用、虚实相间、聚散相错、险夷互见等手法，形成不对称的自然错综之美；处处可见平凡中的匠心，细小处的深意。在花窗上也是如此。

苏扬二州，相隔仅百余公里，又有运河相连，自古就漕运发达，即便在交通不便的古代，也算不得天涯相隔。两地花窗竟有如此天壤之别，不禁令人愕然，其实，这种差别也正是两地经济、文化、民风、民俗差别在园林建筑领域的正常反映。

7. 砖砌窗（砖砌漏窗）

上一节提到，"水磨砖细花窗"的成本高，所以，即便是扬州豪商巨贾们的私家花园里也不是所有的花窗都用"水磨"的，取而代之的是用料和做工略粗糙一些的"砖砌窗"。

在扬州个园和何园，围墙有四米多高，靠近围墙的是大片竹林，围墙的上部是成排的花窗。这些花窗大多淹没在竹林或藤蔓植物中，当然没有必要全部用昂贵的水磨工艺了。

个园围墙成排砖砌花窗

何园围墙成排砖砌花窗

砖砌窗有简单易行、造价低的优点，非常值得在城市改造中用来美化墙面。读者可以比对同在这些园林的"水磨砖砌漏窗"，便能了解它们之间的区别：

第一，"砖砌窗"多在外围墙顶部大量成排布置，幅面一般较小；大多"水磨砖细漏窗"属于主人家的"面子工程"，幅面较大，但因投资大，就很难大量布置。

第二，"砖砌窗"的图案比较简单，变化较少，只有矩形、三角形、梯形、菱形等简单几何图形，用料、图案线条较粗，用普通青砖，且只使用截断和截角两种工艺搭砌；而"水磨砖细漏窗"的工艺要复杂得多，"水磨"工艺更是必不可少。

第三，"砖砌窗"中找不到任何圆弧或曲线部件；"水磨砖细漏窗"则使用不同的圆弧或曲线部件连接直线，形成更为精致的纹样图案。（参见本章6节）

下图便是扬州个园与何园的部分"砖砌窗"实例。

个园砖砌窗

何园砖砌窗

8. 木质花窗

作者幼时曾随父母居住过几处"老房子",其间木质带棂的门窗,百姓有时也统称为花窗或门,无论长短宽窄高矮,启闭之间都咿呀作响。儿时每逢有核桃吃,因硬壳难以对付,便置核桃于门侧,左手扶住,右手扳动门扇挤压,不消大力,核桃就嘎啦一声裂开,接着就可尽情享受……六十多年后的今天,一旦见到下图这种幼时称其为门的长窗,作者还会屡屡想起当年用它们夹核桃吃的趣事。

这种门窗在南方传统建筑中,除了最外侧的大门,还常在厅堂中轴朝外的一面设置为带有棂条芯子的形式。它们在匠人们口中的正式名称为长窗,不过百姓也有称之为门或花窗的(类于清制的隔扇,宋制的格子门)。

传统长窗

一扇完整的长窗通常主要包含五个部分,自上而下是:上夹堂(宕),窗棂芯子,中夹堂,裙板,下夹堂。

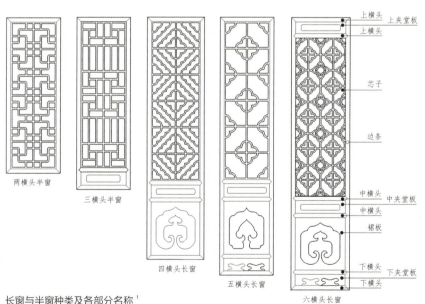

长窗与半窗种类及各部分名称[1]

---

1. 为求清晰,作者重新绘制了《营造法源》部分关于木窗的图版,如本节线图,供参考。

上中下三个夹堂面积较小时，夹堂板（绦环板）通常会安排一些相对简单的浅浮雕图案；裙板面积较大时，可雕刻的内容可以更为复杂细致完整，比如"喜上眉梢""平安如意""满堂富贵""福禄寿喜""八仙""八吉祥"之类的吉祥图案。甚至可以在一组裙板上雕刻一个完整的民间故事，譬如二十四孝、白蛇传、三顾茅庐等，多为忠孝仁义之类的图案，在一定程度上成了对孩子们进行中华传统文化启蒙教育的课本。

"半窗"是相对"长窗"而言，也可称为短窗，相当于长窗带有图案芯子部分的上半截，大多安装在实砌的矮墙上。长窗多用于传统建筑的厅堂主间，用途是门也是窗；逢红白大事，可以卸下，厅间与室外天井联通，更显宽敞。半窗多见于厅堂两侧的"厢房（次间）"，作用更接近于现今的窗。

檐口较高的建筑，还可以在长窗、半窗的上部安排一些横式的窗格以适应额外的高度，南方叫作"横风窗"，北方称为"横批窗"，通常不能启闭（下图中部）。

长窗、半窗和横风窗（常州荆川公园陈渡草堂）

若把半窗安装在栏杆之上，名称又有不同，此时改称为"地坪窗"（下页图）。

安装在栏杆之上的半窗（地坪窗）

    长窗与半窗的芯子（窗棂）图案款式较多，简繁不一，花纹有万字、回纹、八角、海棠、如意、古钱、灯笼、书条、冰纹、冰梅、龟锦等诸式，各具匠心，各有寓意。图中所示术语"宫式"的图案，比较简单，多以横平竖直的直线相连；而"葵式"带有弓形木条，端部多带有钩形装饰，类似于"夔龙纹"，故疑"葵式"为"夔式"之别称。

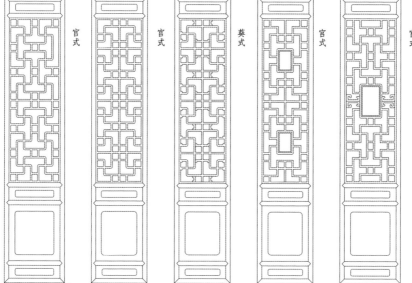

《营造法源》图版二十八 长窗

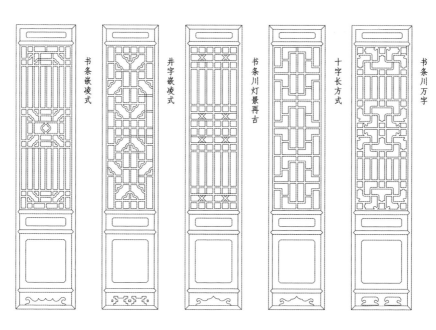

《营造法源》图版二十九 长窗

43

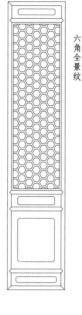

《营造法源》图版三十　长窗

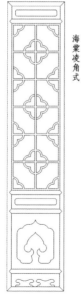

《营造法源》图版三十一　长窗

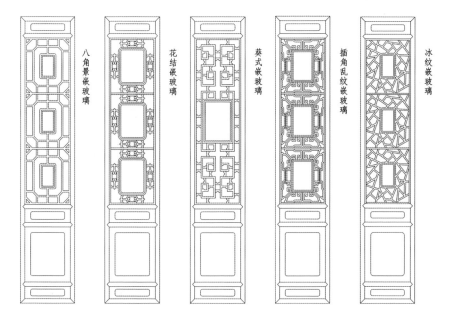

《营造法源》图版三十二　长窗

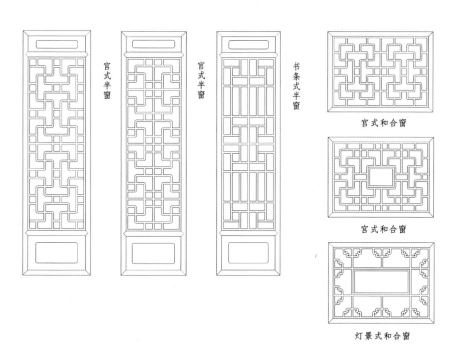

《营造法源》图版三十三　半窗与合窗

而南北方都有的支摘窗，是一种可以支起或摘下的窗。

故宫和合窗（关闭态）

南京某公共厕所和合窗（支撑态）

和合窗（关闭态，可见木制转轴与风钩）

北方支摘窗（开启态）

传统园林中还有一种通常统称为"景窗"的木窗，包含了多种不同的形式，譬如室外有宜人的景色，便可以在山墙或后包檐墙上设置景窗，窗扇、窗棂图案样式与同一建筑的半窗、横风窗统一；在迎风面山墙部位的景窗上部还常设置戗檐，有避雨功能以保护木质窗框、窗扇，同时又增加了观赏性。

另一种景窗其实就是木质的漏窗，但很少有像漏窗般成排成组的设置，泄景导引的作用也不如漏窗。窗棂芯子图案更是不如漏窗丰富多变，大多属于较简单的几何形图案，仅在宫式葵式间稍有变化；在有些木质景窗的中间部位，时常可以看到一块较大的、不布置棂条的留白空间，俗称为"棚子"。其功能类似于"空窗"有点"框景"的作用，但框景的效果不如空窗。

景窗（向外看）　　　　　　　景窗（戗檐）

木质景窗

　　中国在历史上曾是等级森严的封建社会，长期以来逐步形成了一系列礼制和规矩。君主不能放任，庶民更不可僭越。这些礼制规矩中就有对建筑规范和适用对象的限定，包括对于台基尺寸、屋身体量、屋顶形式、门饰影壁、斗拱吻兽、涂装颜色、雕塑彩画等一应建筑细节，都有针对不同等级官府、寺观庙宇和庶民宅邸的规定。其中对窗棂的图案（棂花）也有明确的规定，绝不可僭越滥用。下面介绍一些宫殿庙观、祭祀场所木质窗棂方面的常识。

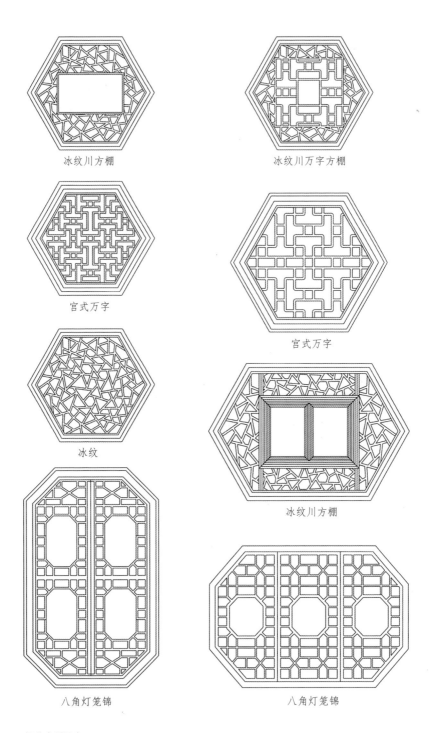

部分木质景窗

"三交六椀（wǎn）"的棂花样式，即一条直棂与两条斜棂分别以60度相交后组成等边三角形，这样的三角形相组合便成为一朵六瓣棂花，其中央近似圆形。该棂花样式象征皇权与神权，是寓意天地之交而生万物的一种符号。在紫禁城的殿宇当中，如太和殿、保和殿、中和殿等，凡用"三交六椀"棂花的隔扇门窗均属最高等级的建筑（次者为双交四椀，再次者为斜方格、正方格等）。下图拍摄于故宫最重要的建筑、象征皇权的太和殿。故宫中还有一些建筑也有"三交六椀"棂花的隔扇门窗，大多在中轴线上，这些建筑多跟帝王理政起居有关。

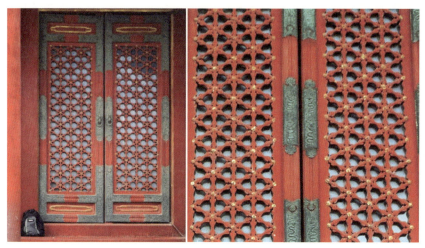

"三交六椀"棂花样式（太和殿）

下页图分别拍摄于明清帝王祭祀上苍、祈求风调雨顺五谷丰登的场所天坛，俗信掌管人间一切贵贱、生死、祸福的东岳泰山天齐仁圣大帝的东岳庙。从这三处符合使用"三交六椀"棂花样式的场所可见，除了帝王理政与起居直接相关的重要宫殿建筑之外，只有重要的祭祀场所、高等级的神庙道观才可以使用"三交六椀"棂花样式的隔扇门窗。在京城以外的山东泰安岱庙、曲阜孔庙、四川平武报恩寺、北京白云观等重要庙观中也可见到。

"三交六椀"棂花样式(天坛)

"三交六椀"棂花样式(东岳庙)

下页图是仅次于"三交六椀"等级的"双交四椀"棂花样式。与"三交六椀"样式相比,"双交四椀"样式是只用两根木棂条相交并在相交处附加花瓣的棂花图案,在紫禁城中还可以找到很多应用实例。如明代为嫔妃居所、清代顺治孝康章皇后的居所景仁宫所用的隔扇,就是这种棂花;京城里还有很多亲王的私宅也符合使用"双交四椀"棂花的等级;在诸多重要的祭祀场所、庙观建筑中,也可以找到大量"双交四椀"棂花的隔扇门窗。

"双交四椀" 棂花样式（天坛）

"双交四椀" 棂花样式（恭王府）

"双交四椀" 棂花样式（东岳庙）

以上介绍的两种棂花样式，在封建礼制中，对其适用场合的规定相当严格，只有少数符合条件的重要宫殿建筑和重要皇家祭祀庙观建筑中才允许使用。改革开放以后，全国各地都建了一些仿古建筑作为城市景观和商业用房，部分公共建筑也会偶尔有意加入一些传统建筑的元素。

下面的"斜方格""正方格""轱辘钱""步步锦"等窗棂花式的应用似乎就要宽松很多，在紫禁城的后宫、京城各王府、普通的庙观建筑乃至民间大宅都有较丰富的应用实例。

斜方格（恭王府）

正方格（东岳庙）

轱辘钱（故宫）

步步锦（故宫）

万寿纹（故宫）

9. 什锦窗

江浙一带的南方人到北方园林中游览,一定会发现皇家园林或较大民间四合院墙上有一些跟南方园林中的花窗完全不同的景观窗,当地人称之为"什锦窗"。

"什锦窗"又被称为"什样窗",常见于北方皇家园林、王府宅邸与较大规模的四合院,如北京颐和园游廊白墙上,一排向远处延伸、各种轮廓的什锦窗洋洋大观,弥补了白粉墙单调的格局。什锦窗的轮廓寓意跟南方园林中的空窗漏窗相差不大(参见第二章)。

成排什锦窗(颐和园)

除了外廓的形状之外,北方什锦窗跟南方园林花窗的区别还是非常明显的,大概有以下几点:有些什锦窗,看起来像空窗(无窗棂),其实不空。为了隔离北方冬季凛冽的寒风,双面都安装了玻璃,所以也有文献称其为"隔樘灯窗"。据说,晚上可以打开玻璃,在窗内点上油灯照明、观看"灯景"。然而作者以为"点灯照明"与"灯景"就算真有其事,恐怕也只能偶尔为之,多半是后人想当然的"附会"之说。不然窗内壁与玻璃一定会熏到烟囱般乌黑,玻璃上漂亮的彩绘也就呜呼哀哉了。

什锦窗的玻璃上还会画上一些花花草草,作为装饰。有文献说什锦窗也如南方园林的空窗有框景的作用,然而作者曾实地体会过:大多数什锦窗,在大多数角度下,因为玻璃反光,其实不能框景;还因北方的墙壁普遍厚而窗洞小,只有很少的角度能隐约看到墙外;隔了两层玻璃,又有玻璃上所画花花草草的遮挡,想要看真切隔窗的景色,必先凑近玻璃,两手挡住侧光才能窥见一二,其框景的概念与南方园林的空窗完全不同,似乎也很勉强。

而某皇家园林里的什锦窗,最引人注目的是大红色的宽边框,里面还有个绿色的二道边框;有些地方的什锦窗配色更夸张,还在大红边框的外面罩上一圈近于黑色的、更宽的边,像围了圈黑纱,看起来好不吉利。如此粗犷野性的配色和粗俗马虎的涂刷工艺,在作者看来,实在是令人难以接受,跟想象中皇家苑囿的身份相去甚远。这种配色方案跟明清宫廷建筑里常见的和玺彩画、旋子彩画、苏式彩画等的配色方案也全然不同。

八方　　　　　　　　寿桃　　　　　　　　圆镜

五方　　　　　　　　灯锦　　　　　　　　灯锦

石榴　　　　　　　　六方

其实，大自然中确实有经典的大红配大绿，譬如"红花配绿叶""万绿丛中一点红"，等等。再说这些什锦窗上红、绿的饱和度和明度也太高了，如果加以适当的调和，把大红改成朱红、暗红；绿色改用再暗一点的黛绿、墨绿，感觉也许就会柔和一些。看看现在的配色，感觉曾经学过的所有的色彩理论被统统颠覆。

话说回来，什锦窗也不全俗不可耐：恭王府（原和珅府邸）里后罩楼160多米长的后墙，上下两层开了88个窗子，这在全国的古建筑中也是绝无仅有的。此墙是府邸与后花园的分界，上层44个全部是什锦窗。和珅家的什锦窗似乎比皇家园林更为讲究，每一窗内都设置了木制的窗棂，同样刷成绿色，仍然配上红色的边框。不过这个不太和谐的配色部分缩在窗套里面，占据的比例也较小，比起上面八幅图的感觉就好多了。窗棂的花式寓意各有不同。最考究的是，每一什锦窗都配上了砖雕的窗套，回纹、蔓草、夔龙、万字、连锁、海棠、芝花……无一相同，洋洋大观，气概不凡又不落俗套。同为什锦窗，却与上图有天壤之别。兹按相关照片重新绘出一些什锦窗的图案轮廓，即后面的线图，供参考。

恭王府后罩楼160多米长的后墙（局部）

恭王府后罩楼什锦窗（部分）

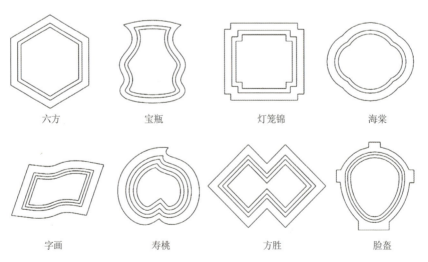

| 六方 | 宝瓶 | 灯笼锦 | 海棠 |

| 字画 | 寿桃 | 方胜 | 脸盆 |

重绘部分什锦窗轮廓一

重绘部分什锦窗轮廓二

纹样:窗必饰图,图必吉祥

世界三大园林体系中，中国园林有着最悠久的历史（其他两种是古希腊园林体系、西亚园林体系）。"虽由人作，宛自天开""巧于因借，精在体宜"的艺术原则，使中国南方和北方的园林，虽然有一定的文化相通性，但因其拥有者和服务对象的不同，所处地区的气候、地理、物产条件的不同，以及南北方传统、历史传承、风俗习惯方面的差异，造成了大到整体布局，小到细枝末节的种种区别，总体来看如下：

北方园林多皇家，硕大、敦实、厚重、封闭、张扬，雕梁画栋、富丽堂皇；

南方园林多私家，小巧、玲珑、通透、开敞、内敛，粉墙黛瓦、朴素高雅。

中国古典园林，因受封建礼教历史条件的限制，大多设有围墙，藏景于深闺之中。这些曲廊的单面或双面又有廊墙，大量的间隔墙和廊墙难免单调枯燥，层叠壅塞，阴暗潮湿。但经过匠师们的巧妙处理，在墙面上设置了一些洞门花窗后，便通风透光，妙趣横生。单调枯燥冷冰冰的墙，反倒成了南方园林中清新活泼、不可或缺的造园要素了。

南方园林中的花窗图案，千姿百态，高雅脱俗，题材丰富，寓意深远，往往蕴含着园主对平安幸福的祈求，对富裕昌盛的向往，对爱情繁衍的崇拜，对美好生活的追求。它们代表了一种民俗精华，一种民族品格博大精深，包罗万象。令人拍案叫绝的是，在同一园林中，即便有上百处花窗，其图案纹样也绝无雷同。

1. 基础纹样

现存的花窗纹样中，同样的寓意，可能有完全不同的纹样；形状差不多的纹样，又可能有完全不同的寓意。想要准确判读已有的花窗纹样乃至蕴含其中的寓意，必先抓住各基本纹样之特征，熟悉其约定俗成的内涵。

如果没有严格语境要求的话，"纹样"和"图案"的意思差不多。然而在美术教学等严格的专业语境下，它们还是有区别的：

第一，纹样是指图案形式，通常是比较简单、基础的几何变化的花纹，如蝙蝠纹、云纹、芝花纹、海棠纹、卍字纹，等等；图案则有较强的装饰功能，可以抽象，也可以有更强的形体感，甚至变成具象，还可以出现透视假象，往往更复杂，甚至包含了多个纹样的组合。

第二，纹样作为单位元素，一般是单色；而图案可以是多色的。在语境不太严格并不至于造成混淆的情况下，二者有时也可混用。

因此，本书中凡提到整幅花窗时，称为图案；对整幅花窗图案中"具有确定寓意的局部"则称为纹样。

与绘画、陶瓷、纺织、雕刻等行业相比，想要对现存的花窗整体图案进行精确的解读和分类并不总是可行的，容易产生不够全面、不够严谨的结果。

首先，是花窗结构方面的限制，使其纹样不可能像陶瓷、雕塑、纺织品那样表达清晰、精细，大多数花窗纹样、图案都是高度抽象、简化了的，相邻图案元素套用、借用很普遍，同一图案在不同的人看来就可能有不同的解释，所以很难给予精确的分类和解读。

其次，大多数花窗图案都包含了不止一种图案元素（纹样），有些花窗实例甚至包含了七八种不同的基础纹样，互相交叉穿插，其寓意也比单一纹样复杂得多，把这种有丰富、复杂寓意的花窗归类定义到某一类型，未免武断且片面。

再次，纹样、图案在工匠们口口相传过程中，难免与最初的样式和寓意有出入；不同的匠师对纹样、图案的认识也不尽相同。

最后，岁月如流水，花窗经历日晒夜露、风霜雨雪，难免破损，反反复复的大修小补，也可能使最初的图案已经变得面目全非，难以辨认解读。

作者积累了长三角地区三十多个知名园林的两千多个花窗实例的资料，鉴于以上的这些原因，以及本书篇幅的限制，不可能对每一具体的花窗给出精确的图案寓意定义，但会尽量对能明确辨认的一个或多个典型纹样元素给出命名和寓意方面的提示，方便有兴趣研究的朋友参考。

(1) 几何类

几何类是指主要由横、直、斜、曲的线条和矩形、圆形等组成的较简单的花窗纹样图案，它们中大多还按照一定的规律往复循环。与具体的动植物、器物、图腾完全无关的几何类纹样并不太多。在完整花窗的纹样图案中，还有一些直线、曲线乃至圆圈、三角等几何体，并非构成纹样图案的必需组件，多数是出于花窗结构上固定、支撑的需要而设置的，所以很难加以命名解读。这部分线条在纹样构成里并没有太具体的作用，在解读整个纹样时，如不能排除，还可能造成干扰和误会。

1) 回纹

回纹是将线段两端卷曲、折绕后形成的一种传统纹样。民间俗称"富贵不断头"，因此有吉祥长久的美好寓意。

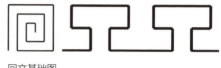

回文基础图

在园林花窗中，回纹一般与其他纹样组合形成整个花窗图案，不大可能独立出现。回纹在参与花窗图案时，往往还担负着结构方面的重任，主纹样通过回纹与边框建立支撑联系。

回纹变形如意扣（耦园）

八回纹（寒山寺）

四回纹方胜盘长（艺圃）

变形回纹（网师园）

四极简回纹（虎丘）

回纹（艺圃）

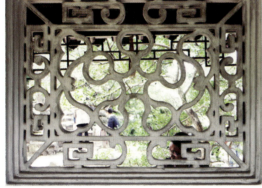
八回纹（拙政园）

回纹（陈御史花园）

2）**冰裂纹（冰梅纹、冰凌格）**

冰裂纹图案是一种自然裂纹，其形状无一定规律可循，与规规矩矩的几何图案形成鲜明的对比，体现了不规则的美。冰裂纹是古代高雅人士生活时尚、审美情趣、宗教信仰的反映，也是民族文化心理内涵的折射，更是传统的社会历史、文化风俗符号化后的结果，具有较高的美学价值。

冰裂纹在园林景观中随处可见，特别是各类地面铺装过程中更为常见。《园冶》中说"破方砖磨铺犹佳"，可见，古时候追求更为精细的冰裂纹铺装。

差不多每处古迹、每个古典园林里都有大量冰裂纹的应用，有厅堂的窗棂，地面道路的铺装，当然还有花窗。

冰裂纹　　　　　　　　　　　　冰裂纹＋扇纹

冰裂纹＋菩提叶纹

在冰裂纹上附加梅花状图案则有"梅花香自苦寒来"的寓意,这种图案通常被称为"冰梅纹",有激励之意。本书为控制篇幅,不再对"冰梅纹"单独列出。

冰梅纹 + 夔龙纹

冰梅纹

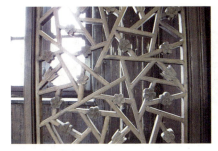
冰梅纹木质花窗

冰梅海棠纹木质花窗

3) 十字纹

早在战国时期,十字形纹就被装饰在竹编之上。《说文解字》释为:数之具也。—(横)为东西,|(竖)为南北。则四方中央备矣。

十在古人的观念中是纵与横的垂直交合,是大地东西南北中五个方位(五方)的象征,代表普天之下的整个大地,因此十字图案也寓意大地宽广。中国先民对天地非常崇拜,所以十字也就被选用作一种装饰图案出现。

"十"还有达到顶点的含义,如我们常说的"十足""十成""十分"等词语,就有登峰造极、无可比拟的意思。"十"可用来寓意满足、完美。

留存的园林花窗图案中有十字穿如意、十字海棠、十字锦,等等,十字常与海棠图案相连,寓意普天之下盛开着美丽的花朵,大地无处不花团锦簇。十字形纹图案也是各种花形锦与矩形锦不可或缺的连接图案。

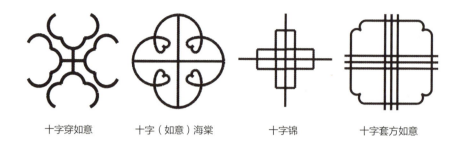

| 十字穿如意 | 十字（如意）海棠 | 十字锦 | 十字套方如意 |

下图前三幅是部分以十字为主题的花窗，其他是有十字纹参与的花窗，供参考。

环秀山庄　　　　　　虎丘　　　　　　沧浪亭一

拙政园

耦园

沧浪亭 二

沧浪亭三

沧浪亭四

留园一

留园二

4)绦环纹

"绦"是用丝线编织成的花边或扁平带子、装饰品。"环"的解释有很多,用在纹样上,泛指首尾相连、环环相套、源源不断的形状,因而有子嗣兴旺、福寿绵长的寓意。

 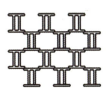 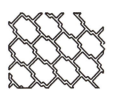

绦环纹基础纹样

在家具木工与建筑木工中，都有一种称之为"绦环板"的构件，但是，传统家具与传统建筑业的绦环板与本节所讨论的花窗绦环纹之间并无直接的联系。园林花窗中的绦环纹当然不能做到像家具那般精细，但主要的特征是一样的。

绦环纹可以单独应用，也可以与其他纹样图案组合成更加丰富的寓意。

绦环定胜方胜（拙政园）

绦环花结（拙政园）

绦环锦（环秀山庄）

绦环海棠（耦园）

5）步步锦（紧）

用很多基础形状排列到铺满整个空间，形成一幅完整图案的时候，这幅图案就可以称为"××锦"。"步步锦（紧）"，是一种规则性很强的几何图案，在古建筑乃至现代装饰中经常可以看到。

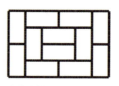
步步锦基础纹样

它由长短不一、相互垂直成工字形的直棂和横棂一步步向外扩展变化，形成图案。步步锦纹样寓意事业成功、步步高升的美好愿望。

步步锦（石窗）[1]

6）套方锦

矩形，是造型最简单、历史最悠久的几何纹样之一，给人以稳定、正直、可靠的感觉，在传统建筑的门、窗、栏、挂落、雀替、罩等构件中有广泛的应用。矩形是组成其他重要纹样的基础，如菱形纹、方胜纹、柿蒂纹、盘长纹等；还可以配合其他几何形状构成图案，也可以独立成"锦"。以矩形为基础形成的"套方锦"等其他图案，大多制作工艺比较简单，画面简洁大方，所以在宋代《营造法式》之前，就一直作为建筑门窗上的装饰图案而被人们广泛沿用。

矩形的图案虽然简单，却有着极为深刻而丰富的寓意。首先，"天圆地方"中的"方"在先民的观念中代表养育万物的土地，是人类能够生存下去的根本。其次，四方形又可寓意大地的东南西北四个方位；四条边还可以代表四季。方出于"矩"，与圆所代表的"规"合在一起，就成了"规矩"。先祖们崇拜天地，做事要"效法天地"，所以将代表天地的"规矩"作为社会公认的行为准则，方形也就有了"正确""正派""正统""稳重""律己""不阿"等寓意。

在传统工匠们口中，每当提到纹样的时候，有几个字和词很有意思，

---

1. 符永才.民间石窗艺术.北京：人民美术出版社，1995.

譬如"套""穿(川)""锦""景"字。了解这几个字在组成图案时的意义，对我们理解文献上的图样名称大有裨益。

用同样形状的基础纹样，如三角形、矩形、五角形、六角形、八角形、圆形等最简单的几何形状，按照一定的规律排列起来，层层叠叠形成更多的同样或新的形状，这种重叠排列形成图案的方式就叫作"套"。如本节所讨论的矩形，可以排列出更多更大的矩形。方向可以是单纯向左右或者上下的二方连续（下页个园），也可以是向四个方向排列的四方连续。

整个空间被层层叠叠、大大小小的方形铺满，形成的图案就可以称为"套方锦"。

套方锦基础纹样

套方灯笼锦

已经成了"锦"的图案，还可以插入其他的纹样元素，譬如在已经成为"套方锦"的图案当中，插入一个或几个海棠纹，就变成了"套方穿海棠"或"套方锦穿海棠"。其中的"穿"字，在某些文献中也有用"川"字代替的，实为别字。

"矩形"和由矩形变形的"平行四边形"，还是多种纹样的基础，如"菱形纹"（参见12 菱形纹），"方胜纹"（参见52 方胜纹），"柿蒂纹"（参见34 柿蒂纹）等。

"锦"字与"景"字，二者时常被混为一谈。"景"字大多数时候要跟"景窗"联系起来。有些漏窗，在窗棂中间有意留下一个像空窗般的空当，目的是方便人们透过这个空当欣赏隔墙的美景，譬如狮子林、环秀山庄漏窗中间空当的名称就是"八角景"，耦园中间的空当则可称为"如意扇面景"。

近园套方锦（四方连续）

陈御史府

个园（二方连续）

何园

狮子林八角景

环秀山庄八角景

耦园如意扇面景

7）套三角纹（三角锦）

套三角纹也是一种很古老的纹样，早在商代的青铜器上就可见到。套三角纹在二方连续时可构成边饰，四方连续时可成为独立的图案，常见于砖砌花窗。这种上下或左右颠倒的小三角形有规则地整齐排列，相邻的四个、九个或十六个、二十五个小三角形又形成更大的三角形，直至铺满全部空间。三角形的三条边依靠彼此支撑形成稳定的结构，若干小三角形可以组成更大的三角形，寓意互相团结、依靠、帮助，人丁兴旺，家族繁荣。

套三角纹基础纹样

个园套三角纹砖砌漏窗

8）套六角纹（六角锦、蜂巢锦）

六角形的图案有多种形式，可以是正六角形或不等边六角形。六角形的方向可以是上下为横边，也可以是上下为尖角。以六角形为基础形成的各种图案，总体上看起来都比较规整。正如"套三角锦""套方锦"一样，若干六角形也可以排列出更加丰富和复杂的"六角锦"（蜂巢锦）。

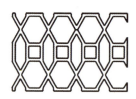

六角锦基础纹样

六角形与其组合出的纹样、图案，自古便在传统建筑领域占有重要的地位，尤其在传统建筑的门、窗、栏、挂落、雀替、罩等构件中有广泛的应用。六角形还是其他一系列重要纹样的基础，譬如雪花纹、吉星锦、绣球纹，等等。

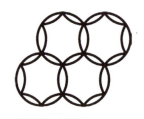

绣球纹基础纹样

排列组合的时候，两相邻六角形可以仅共用边线（如拙政园），这样形成的六角锦看起来比较单纯和清爽。相邻两个六角形共用不同的角点，或者一方的角点共用对方边线上的中点，可以产生很多新的菱形，有时候组合出来的新图案还有点令人眼花缭乱的感觉。六角形还可以成为漏窗窗框或空窗轮廓的形状。

个园

环秀山庄　　何园

拙政园

古代官宦从官府领取的收入称为俸禄，六角形图案的"六"与代表钱财和官运的"禄"近音，因此"六"也就有了钱财和俸禄的寓意。六角形还有"六合"之称，即"天地东南西北"，泛指宇宙间的万象万物。六角形还有两种变形的图案，一种像乌龟背部上的龟纹（参见43 龟纹），因此被称为龟背锦，寓意长寿；另一种"橄榄纹"，有忠谏之言或美好爱情的寓意（参见36 橄榄纹）。

9）八角纹

园林花窗乃至木门木窗中的八角形纹样和图案比比皆是，这种现象似乎跟中国人对"八"这个数字的认识和喜好有关。八角形作为重要符号至少可以追溯到上古伏羲创造的"八卦"。在中国的语言文字中，含有"八"的词语多到难以统计，最常见的"四面八方"说的是东南西北四面与东北、东南、西北、西南四向，总共八个方位。《太平御览》载："伏羲坐于方坛之上，听八风之气乃画八卦。"

中国农历历法有二十四个节气，其中立春、春分、立夏、夏至、立秋、秋分、立冬、冬至这八个节气最为重要，它们定义了季节的划分和转换，对包括人和动植物在内的世间万物都具有重要的现实和科学意义。

而佛教中的"八吉祥"（轮、螺、伞、盖、花、罐、鱼、长）对应于人类的八种识智（眼、耳、鼻、音、心、身、意、藏）。中国民间传说中有"八宝"一说，即宝珠、方胜、玉磬、犀角、古钱、珊瑚、银锭、如意。还有神仙中的八仙，与数字"八"有关的典故比比皆是。

"八"和"八角形"当然也会体现在建筑和相关的图案纹样上。八角形的纹样或图案有等边的八角、不等边的八角和八角锦，最多的是八角形与其他纹样组合而成的复合图案。因为"八"字自古以来就表征着很多神秘的自然现象，在现代又被植入了更多希冀吉祥喜庆的内涵和寓意，八角形还有方便实用的装饰效果，所以在很多传统建筑的门窗上出现，是最常见的纹样图案之一。

环秀山庄

陈御史府

东坡公园

虹饮山房

狮子林

瘦西湖

拙政园

留园

10）波浪纹（水波锦）

波浪纹（水波纹）也是一种古老的纹样，其特征是若干条连续的圆弧翻转、叠加、交织，组合成形状各异的"波浪纹"。

"波纹线"组成整幅图案的同时，还可能产生一些"副产品"。如耕乐堂、寄畅园产生了类似于"瓶纹"的图案（参见54 汉瓶纹），虎丘、网师园中产生了类似银锭纹的图案（参见57 银锭纹），这六张图还全部产生了"软脚卍字纹"（简称"软卍纹"，参见24 卍字纹）。所以判读这一类纹样必须抓住主要的纹样（波浪纹），放弃次要的。

波浪纹（软卍纹）基础纹样

  波浪纹历来是重要的纹样，譬如古代官服上的图案就有波浪纹，有惊涛骇浪、扬帆起航、努力抗争、一统山河、江山永固的寓意。

耕乐堂二

寄畅园

耕乐堂一

虎丘　　　　网师园

11) 残月纹（破月纹）

  "残月纹"和"破月纹"这两个纹样名称，在相关的古代近代文献中都能看到。二者似乎都不太雅致，不像是饱读四书五经的业主们为自己的创意起的名字，匠人味较浓；不过作者找了很久也找不到其他的称呼，二者相权，似是"残月"更好听些。

这是一种常见于瓦搭花窗的纹样，特征是缺了一块的圆（月）。中国人至迟从明代以前就开始用这种纹样做花窗和瓦花墙了。单个的缺了一块的圆，是残月纹；众多残月颠倒横竖组合起来后，"副产品"就多了，最常见的是"软脚卍字纹"。

残月纹基础纹样
（组合为软脚卍字纹）

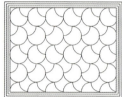

《营造法源》图

耕乐堂

近园

退思园

寄畅园

12)菱形纹(菱格纹、菱格锦、斜方格、网纹、网格纹)

菱形纹,是主要由菱形组成的纹样图案。这种图案有很悠久的历史,从新石器时期、马家窑文化、仰韶文化出土的文物上都能找到,可见这是祖先们喜爱的装饰纹样。今天能见到的最早的菱形纹窗,是1980年在陕西临潼秦始皇陵西侧、距地面约7米深的坑道中发掘出的大型铜车马,华丽的车窗上就镂雕了菱形的格子纹。

菱形纹和由它们组合而成的菱格式窗棂,是中国古代建筑的主要窗棂形式,一直流传至今。菱形纹整体就像挂着晾晒的渔网,所以又称为"网格纹"。传说伏羲氏教先民们结绳为网,可捕鱼也可以捉鸟,是谋生的工具,寓意收获和财富。

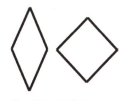

菱形纹基础纹样

菱形纹组合而成的菱格锦,有制作工艺简单、造价低的优点,还可以跟其他纹样组合出丰富内涵的新图案,所以能在各历史时期的建筑上占有一席之地。最后三张图是用菱形纹与其他纹样组合出方胜、盘长等更复杂的图案。

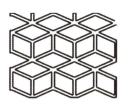

套菱形纹基础纹样

菱格锦(西园)

菱形纹(沧浪亭)

菱形方胜(虎丘)

菱形方胜(沧浪亭)

13）宝镜纹（圆镜纹）

圆形在中国古文化中代表着天（天圆地方），还象征着日月。人们自古以来就有对天和日月的崇拜之习俗，由此也引申出圆形丰富的寓意。古人习惯将门窗中心的圆形图案称为宝镜纹，认为其有照妖辟邪的作用，希望它拥有像日月一样的威力，使一切妖魔鬼怪现出原形。在明清时期的建筑中，圆镜图案多与十字、灯笼锦、海棠、如意等纹样组成新的图案，象征富贵、团圆和美好。

传说寺庙建筑上，习惯用圆形的窗框代表辟邪宝镜，妖魔鬼怪因此不敢进犯，以求佛界清净。在本书涉及的三十多个园林中，以现在仍是寺庙的苏州西园寺为例，大约有花窗九十处，其中圆形轮廓的就有九处，占10%；如果算上某些建筑大门两侧相同的圆形花窗，数量就更多了。这种现象在其他世俗的园林中绝无仅有。圆形花窗数量远远超过西园的沧浪亭、拙政园、虎丘，则最多只有一两幅圆形的花窗。而无锡惠山景区御碑亭四周十二个圆孔窗则更直接爽快。下页九张小图就是苏州西园寺（戒幢律寺）中九幅圆形轮廓的漏窗。圆形的窗框再加上各不相同的

无锡惠山景区御碑亭

窗棂图案,可以得出更加丰富的寓意。这似乎从另一个侧面印证了寺院中"圆形辟邪宝镜"的传说(镇江金山寺也有数量不少的圆形花窗)。

苏州西园寺圆形轮廓漏窗

14)勾连纹(套环纹)

"套环纹"因谐音,常会跟"绦环纹"混淆,可称"勾连纹"加以区别。

勾连纹,是两个或更多的圆环(或类似的圈或环)互相套叠连接而成,是园林花窗中比较常见的纹样图案。最常见的套环就是古钱纹(参见61古钱纹)。

前一节已述及圆形在中国古文化中有着非常重要的象征和寓意。而环状物无所谓起点和终点，象征永恒，所以先民们早在新石器时代就将玉制成环状饰物。"环"在中华文化传承中被不断发展和应用，人们直至现在还普遍使用的手镯、耳环、戒指等都是环状的装饰品。

两个或多个环重叠勾连在一起，称为"套环"。套环图案美观大方，内涵丰富，最直接的寓意就是"长长久久、永不分离"。如陈御史府，八个圆环重叠后，产生了一个"极简的一笔画宝相花"（参见20 宝相花纹）；又如虎丘，四个类圆环旋转重叠后，中心部位便会产生一个"芝纹"（参见41 芝纹）。

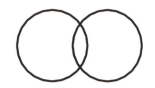

套环纹基础纹样

狮子林

陈御史府

虎丘

（2）图腾类

图腾类纹样中常见的有：卍字纹、拟日纹、八卦纹、龙纹、九子纹、夔龙纹、云纹、暗八仙纹；八吉祥中的宝瓶、法轮、吉祥结、莲花、双鱼，等等。这一类纹样通常能追溯到很远的历史，常用于宗教等比较严肃的主题。

何园

15）拟日纹（太阳纹、火纹）

提起"拟日纹"就离不开"太阳崇拜"。早期人类对日月星辰、风雨雷电、生老病死、春夏秋冬，都是敬畏惶恐的。在大量自然现象中，最能引起他们注意的当然是太阳。太阳每天东升西落，温暖明亮，万物因而得生；但有时候，连年干旱，人畜群亡，太阳也就被当作灾祸的起源。人们不得不屈服于太阳，我国古代的《山海经》《搜神记》等著作中的"夸父追日""后羿射日""少昊之国""日中踆乌"等故事围绕太阳这个主题，展开各种想象，留下了很多神话。很多考古专家指出，上古先民几乎把自己看作太阳的后代。

我国不同的历史阶段，各色各样的太阳或太阳神纹饰出现在陶器、青铜器、织物上，时常跟鸟儿、动物、植物、火焰、器物、云纹和大海等组合在一起。通常，太阳纹饰有万物之神、正大光明的寓意，而在有佛教背景的场合中，出现拟日纹还有弘扬佛法、佛光普照的含义。

以太阳图案为题材的园林花窗，作为主题的太阳本身，图案比较简单，通常仅是一个处于花窗中心部位的圆圈或多边形，而优美的旋涡状放射线和其他的图案在一起，就形成了结构匀称、形状优美的拟日纹。它还可以跟如意纹、海棠纹、云纹、灵芝纹、夔龙纹等组合成新的纹样，生成更为丰富的寓意。

拟日纹有时容易跟静止与转动的"法轮纹""风车纹"混淆，根据经典的佛教定义并参考相关图案实例，作者总结出三者的区别如下：

法轮纹（金轮纹）通常有四支或八支"辐条"（参见19 法轮纹）；

风车纹的"辐条"数量不会很多，在三到七之间，呈旋涡态（参见60 风车纹）；

拟日纹的"放射线"数量较多，旋转的角度比风车纹和转动的法轮要小很多，外侧端部还可能带有螺旋状的"火焰"头部。

拟日纹基础纹样

拟日纹花窗一

如意头拟日纹花窗

拟日纹花窗二

拟日纹花窗三

16）云纹

相传轩辕黄帝与蚩尤大战时，黄帝头上出现五彩云朵，后大败蚩尤，定鼎中原。因此人们将彩云视为吉祥之云，称为祥云。云纹虽纷繁多姿，但又万变不离其宗，其收放自如的整体美感是很多其他纹样所难以企及的。具体到园林花窗，在作者收集的两千余例花窗实例里，只有耦园是纯粹的云纹，所以非常珍贵。而更多的云纹则与如意、海棠、夔龙、授带等纹样相结合，变得似是而非了。

云纹基础纹样图

祥云瑞日花窗（耦园）

葫芦内如意云纹

四周如意云纹

四角如意云纹

17）暗八仙纹

八仙，是指民间广为流传的道教八位神仙。八仙之名，明代以前众说不一，有汉代八仙、唐代八仙、宋元八仙，所列神仙各不相同。直至明吴元泰《八仙出处东游记》，始定为：铁拐李（李玄/李洪水）、汉钟离（钟离权）、张果老（张果）、蓝采和（许坚）、何仙姑（何晓云）、吕洞宾（吕岩）、韩湘子（韩湘）、曹国舅（曹景休），据说这八位人物历史上都有具体的出处。

历史传说中，八位大仙都手持不同的法器，这也是识别这些神仙的主要依据。

葫芦（铁拐李，能救济众生）

扇（汉钟离，能起死回生）

渔鼓（张果老，能占卜人生）

花篮（蓝采和，能广通神明）

荷花（何仙姑，能修身养性）

宝剑（吕洞宾，可镇邪驱魔）

萧管（韩湘子，使万物滋生）

阴阳板（曹国舅，能净化环境）

"暗八仙"便是由这八件法器引申而成的吉祥图案。因图中只见神仙手执的器物而不见仙人本尊，故称之为"暗八仙"。这种表现手法在图案设计中称之为"借代"。因为配有飘逸的绶带可为主体结构在窗框中作支撑，在花窗中常见暗八仙纹。

大概因为制作要求较高，以暗八仙为题材的花窗并不多见。苏州木渎虹饮山房里留存着一套完整的暗八仙花窗，各花窗除主题器物以外，还配以绶带、拂尘等装饰，图案活泼又不失严谨。窗芯主体与窗框间以飘逸的绶带形结构件巧妙地连接在一起，非常自然。窗框采用三台阶的"入角莲花"形式，也很精致。

18) 八卦纹

八卦纹是中国古代重要的典型装饰图案之一，八卦瓶和八卦镜俗信可用来压邪镇妖。据传太极和八卦是古代圣人伏羲氏首创，而道家崇尚于利用太极八卦来探索解释一切事物。八卦图以八组不同的短线符号组成——"乾、坤、震、巽、坎、离、艮、兑"，象征天、地、雷、风、水、火、山、泽八种自然现象。八卦分据八方，而纹样居于图案中部的则为太极图。

作者曾在20世纪80年代初钻研过几年计算机汇编语言编程，所以，一眼就看出了八卦纹中的有趣现象。八卦图，居然跟现代计算机技术中使用的二进制码有神奇的巧合：八卦图中用连续或断开的三条直线组合成八种不同的状态，如果把八卦图中的连续线看成二进制中的"1"，断开的线条看成二进制中的"0"（或者反过来），就可以形成以下的对照图。

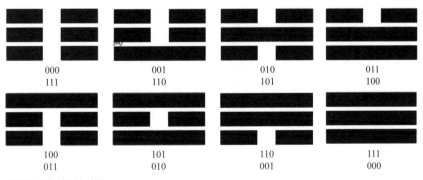

八卦和二进制码的对照

如图所示，八卦图完全对应二进制的八种状态，也就是：$2^3=8$，是不是很有趣？

八卦纹主题花窗罕见，本书仅于苏州沧浪亭录得一例。只是有人把它定义为蛛网纹。若是蛛网，图案中不应有这么多看起来像是故意断开的缺口；再说，除却最外圈（用来加固漏窗结构的部分）之外，靠里的三圈连续和断开的线段，其组合无一重复，并与常见的八卦图严格对应。所以，作者认为其为八卦纹。

八卦纹花窗（沧浪亭）

19）法轮纹（金轮纹）

在佛教八吉祥中，其中有一个是金轮，即"法轮"，俗称"轮"。著名佛教领袖赵朴初先生当年在回答"转法轮"是什么意思的时候说："轮"（cakka），是印度古代战争中用的一种武器，它的形状像个轮子。印度古代有一种传说，征服四方的大王叫作转轮王。他出生的时候，空中自然出现此轮，预示他的前途无敌。这里以轮来比喻佛所说

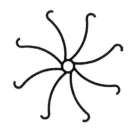

法轮纹基础纹样

的法。传说佛的法轮出现于世，一切不正确的见解、不善的法都破碎无余，所以把说法叫作转法轮。值得指出的是，近代学者们对这些圣迹以及其他一些古迹的发掘和修复，主要都是根据我国古代高僧法显、玄奘等的记载。

常见的法轮图案由轮毂、八个轮辐和外圈组成，有些法轮图案在外圈的外面还有四到八个类似于老式轮船舵轮上的把手。经过美化变形后的法轮图案容易与拟日纹、风车纹混淆，其实三者之间还是有区别的（参见15拟日纹）。

传统园林花窗中法轮纹主题的实例不少，下页图的几例，见于虎丘、狮子林、网师园、西园寺、焦山寺。其中西园寺、焦山寺至今仍是佛教寺院，虎丘与狮子林两处则曾是佛教寺院，可见法轮纹与佛教有较深的渊源。

法轮配如意云（虎丘）

法轮配如意云（网师园）

转法轮主题（虎丘）

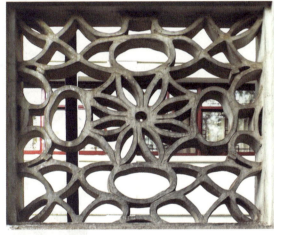

法轮主题（焦山寺）

法轮宝相花（西园寺）

转法轮主题（网师园）

转法轮宝相花（沧浪亭）

法轮主题（焦山寺）

20）宝相花纹

在中国，最耳熟能详的祥瑞图案莫过于龙和凤，能与龙凤媲美的花卉图案应该就是"宝相花"了。尽管大多数人并不能准确说出它的名字。佛教常以"宝相庄严"来敬称佛像，而宝相花原为佛教美术中一种程式化的装饰纹样，其抽象的图腾属性比其植物学的具象属性更明显、更重要，所以把它归入图腾类，而不是植物类。

宝相花纹盛行于唐代，其后的历朝历代不断发展演变，形式越来越丰富，但其根本的结构模式还是被很好地保留并传承下来了。尽管它并不是一种具体的花，没有植物学上的意义，只是一种综合了各种花卉元素的想象性图案，包含荷花、牡丹、芍药、忍冬、石榴和蔷薇等很多种花瓣的形象，再加上如意纹、联珠纹等几何形状，组合起来，层层叠叠，形成了无数种全新的、雍容华贵、端庄大气的纹样。作为我国传统装饰纹样之一，它又被称"宝仙花""宝花花""宝花"，等等。

因为纹样变化无穷、似花又非花，所以想要准确界定宝相花的图案、纹样，并非易事。但是，若能掌握以下两个要素，就不容易出错了：首先，它是一种团巢状的花卉纹样，呈放射、对称、规则或旋转排列；其

宝相花应用（铜镜）

宝相花应用（瓦当）

次，它取材于诸多花卉组合，而不是特定花卉。上页图的铜镜和瓦当是宝相花纹样在古代的应用实例。

具体到宝相花图案在园林花窗领域的应用，也有它的特殊性。

首先，因传统瓦作堆砌工艺的限制，窗棂芯子图案不能做得太精细真实——这是对设计师和工匠水平的一大考验，要用最少、最简洁的线条和高度精简概括的手法来表达一个流传千年的优秀主题，还要一眼就能被辨认，绝非易事。所以现存于世的、能严格称得上宝相花主题的园林花窗并不多，多存在于一些具有佛教背景的园林中。

沧浪亭

其次，因为园林花窗的特殊性，施工堆砌的时候，作为预先加工好的花窗砖瓦零部件线段，在窗框里不能悬空存在，必须借助于四周的边框来生根、挤紧、固定，所以，宝相花题材的园林花窗，在主体的周围和四角，一定还要有作为配角的其他花纹。

虎丘

91

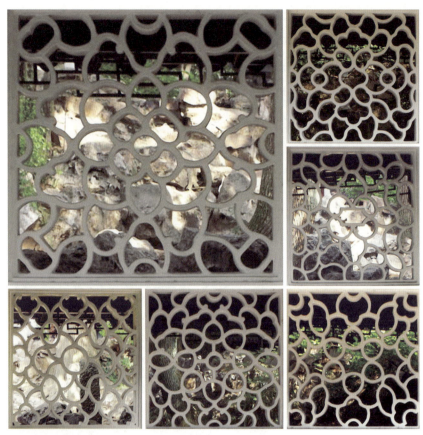

苏州西园寺

21）龙纹

中国"龙"的信仰由来已久，深入人心。龙，自古以来都被人们认为是一种瑞兽，把它当作神来顶礼膜拜，被尊为华夏之神。自商周时期始，龙就逐渐用来比喻君王。因此，龙也成为权力、地位及力量的象征。

"龙纹"是中国装饰艺术领域中最为人们喜闻乐见的传统题材，是中华吉祥文化中代表祥瑞的神物，代表着人们追求向上、发展、吉祥的愿望。

因为龙的纹样较其他纹样更为复杂，所以非常写实的龙纹花窗很难找到，但是加上跟龙纹有关系的"九子纹"和"夔龙纹"，那其数量就相当可观了。龙纹简化抽象到一定程度，就跟夔龙纹差不多了。所以，广义地讲，九子纹和夔龙纹都可以归入龙纹的范畴，也有类似的寓意。

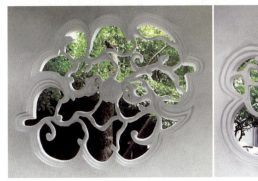

龙纹花窗

22）夔龙纹（夔纹）

"夔龙"是众多龙形神怪动物之一，《山海经·大荒东经》描写夔是："状如牛，苍身而无角，一足，出入水则必风雨。其光如日月，其声如雷，其名曰夔。"在商晚期和西周时期青铜器的装饰上，夔龙纹是主要纹饰之一，形象多为张口、卷尾的长条形，具有古拙的美感。夔龙的"夔"字，大概因为书写比较麻烦，在某些文献里时常被较简单的通假字"葵"所替代。

与其他领域不同，园林花窗中的夔龙纹，由于堆砌工艺的特殊性，为方便施工，必须进一步抽象化。因此多提炼成长短不等、呈90度折弯的直线段，通常还有一两个短距离的小转折。纹样的端部则带一个小小的

夔龙纹常见纹样

圆或方的钩状弯曲，代表龙头，有些更像是"回纹"或"雷纹"（参见1 回纹）。回纹比起夔龙纹，少了个"短距离的小转折"和"小小的的龙头"，线条的弯曲转折也更具规律性，转折弯曲的次数也可能较多些。作者收藏的夔龙纹主题的花窗图片就有二十多例，如果算上有夔龙纹为配饰的花窗，至少有七八十例，可见夔龙纹在我国传统艺术和建筑领域的重要性。

夔龙纹　　　　　　　　　　　　　　　　四周夔龙纹配盘长（怡园）

　　　　　　　　　　　　　　　　　　　四周夔龙纹（沧浪亭）

四周夔龙纹配海棠灯笼　　　　　　　　　四周夔龙纹（狮子林）

　　　　　　　　　　　　　　　　　　　夔龙纹（网师园）

夔龙如意芝花古钱（拙政园）

23）九子纹

至迟在明代，人们给龙组建了一个繁盛的家庭。因为在龙的形象形成、发展的同时，一些怪兽形象也在发展，并且在某一方面糅合了龙的某些形象特征，所以有人又把二者联系起来。民间流传着"龙生九子"的说法，包括但不限于：趴蝮、嘲风、睚眦（yá zì）、赑屃（bì xì）、椒图、螭吻（chī wěn）、蒲牢、狻猊（suān ní）、囚牛、狴犴（bì'àn）、貔貅、饕餮、负屃（fù xì）等。

龙的九个儿子（其一）	
老大囚牛	爱好音乐，性情温顺，多用来装饰乐器，二胡顶上的就是它
老二睚眦	龙首豺身，性格刚烈、好斗喜杀，多雕刻在武器上，显威严庄重，传能克恶煞邪
老三嘲风	象征祥和、美观威严，传能威慑妖魔、清除灾祸。多蹲于殿角垂脊前端
老四蒲牢	盘曲的龙，好鸣好吼，几乎每一口古钟上都有其身影
老五狻猊	形似狮，相貌凶悍，但喜静好坐，又喜烟火，常用作佛座香炉脚部装饰
老六赑屃	力大无穷好负重，常见于石碑基座。又称石龟，象征长寿吉祥
老七狴犴	形似虎，急公好义，仗义执言，明辨是非，秉公而断，见于狱门和官衙大堂两侧
老八负屃	身似龙，头似狮，平生好文，专爱书法，常见于书法碑座
老九螭吻	龙首鱼身，属水性，能喷浪降雨，用作镇邪避火之物

龙生九子的其他说法	
另说	赑屃（老大） 螭吻（老二） 蒲牢（老三） 狴犴（老四） 饕餮（老五） 蚣蝮（老六） 睚眦（老七） 狻猊（老八） 椒图（老九）
其他	螭　麒麟　犼　貔貅　饕餮

园林花窗中的九子纹已被高度简化，以多个圆圈形状来代表。因为中国古文化往往以"九"这个虚数来表示"多"，所以圆圈的数量也不一定就是严格的九个。

九子纹花窗（瞻园）

九子纹花窗（留园）

九子纹花窗（虎丘）

24）卍字纹

最初，人们把"卍"这个符号看成太阳或火的象征。随着古代印度佛教的传播，"卍"字也传入中国，梵文读作"室利踞蹉洛刹那"，意思是"吉祥海云相"。其实它本来并不是文字，而是传说中佛的三十二种大人相之一。即便佛教内部，对"卍"字的翻译也不尽一致。

若卍字纹图案出现在百姓宅第建筑的门窗上，此时的"卍"字，取的是"wàn音万意"，跟佛教就没有太多关系了。卍字纹常与如意纹结合在一起，寓意万事如意；四方连续的卍字，寓意万事吉祥、万寿无疆；卍字锦图案也被称为万字流水、路路通、万字不断头。明清以来的古建筑和园林花窗中使用了大量的卍字纹图案，寄托着人们对美好未来的向往。

下面所示的图片就是苏州园林中部分以卍字为主题的花窗，还有两件趣事：

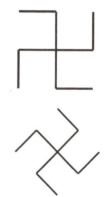
万字纹基础纹样（正万文、斜万文）

第一，作者收集的六十多例"卍字纹"花窗中，有佛教背景的园林之一，寒山寺中一例都没有，另一处有佛教背景的苏州西园寺只有三例，其余的五十多例全都保存在世俗的园林中。

第二，最后五幅照片展示了始建于南宋至清的五个不同园林中，都有一个几乎完全相同的卍字纹花窗，这种现象在本书涉及的三十多处园林花窗中独一无二。

卍字夔龙（西园寺）

卍穿海棠（留园）

卍穿海棠（沧浪亭）

卍字不断头（严家花园）

西园寺（元）

怡园（清）

网师园（南宋）　　　　狮子林（元）　　　　留园（明）

（3）植物类

植物类纹样在花窗中的应用是最多、最普遍的，这个现象显然跟我国农耕文化的悠久历史有关。譬如葫芦、荷花、牡丹、海棠、橄榄、松树、竹节、梅花、菩提叶、柿蒂、葵菜、灵芝、芝麻、蔓草、石榴、葡萄，等等，生活中常见的叶片、花卉、果实都能够在赋予美好寓意后成为纹样主题。

25）秋叶纹（菩提叶纹）

"贝叶纹"这个术语和它代表的对象，从古至今，一直很不严格，甚至已被广泛滥用。现把收集到的几种"贝叶纹"列于后，并分别配以图片和文字说明。

第一种误称"贝叶纹"，其实应改称"贝壳纹"或"贝形纹"更为恰当。不管这种纹样该叫作什么，有一点是可以肯定的——它绝不是传统意义的"贝叶纹"。

第二种被命名为"贝叶纹"罐，其实这些纹样全都是生殖崇拜主题的女阴纹。

"贝叶纹"(某网页说明)

"贝叶纹"罐(某网页说明)

  第三种关于"贝叶"与"贝叶纹"的说法,出现在与佛经有关的场合,很多古文献中也多有提及。在印度、缅甸、斯里兰卡、马来群岛及热带非洲,确有一种叫作"贝多罗树"的棕榈科乔木,中文学名"贝叶棕"。

  贝多罗树在我国西双版纳也有分布,当地傣族同胞称之为"戈兰",是一种棕榈科木本植物,贝多罗树之叶称为"贝叶"。古代傣族与很多东南亚和南亚国家的民族在尚未掌握造纸技术以前,曾以"贝叶"作纸刻写佛教经文。贝叶经特殊工艺加工、钻孔制作成书写材料,所刻写的经文用绳子穿成册,可长久保存。傣族地区和更为广泛的佛教界至今仍对此有"贝叶""梵册贝叶"之称。今天,南亚各国的佛寺还在沿用此古老方法制作"贝叶经"。

99

贝叶棕（贝多罗树，coryphaumbraculifera）

贝叶上刻写的经文

贝叶上刻绘的图案

第四种与"贝叶纹"有关的说法，出现在国内很多美术和工艺品拍卖专业网站。但其形状却跟前述"贝多罗树叶""贝叶经"和"出土陶器上的贝叶纹"毫无相似之处，其形态可谓千差万别。可见"贝叶"被滥用的程度。

第五种与贝叶称呼有关的是某些画作照片。其名称全都是"贝叶草虫"。画中的叶子明明是菩提树叶：叶心形互生，有长柄，叶脉稀粗，叶端细长似尾，称为滴水叶尖。

菩提叶纹基础纹样

菩提树叶

菩提叶纹花窗（沧浪亭）

"贝叶"和"菩提叶"二者混为一谈的现象是广泛存在的，但这绝非人们偶尔弄错。这种现象甚至可以追溯到《园冶》，下图是从两个不同版本的《园冶》里扫描截取的图片，都把一个树叶形的洞门命名为"贝叶式"。

"贝叶式"（《园冶》左上图名）

图175 莲瓣式　图176 如意式　图177 贝叶式
莲瓣、如意、贝叶、斯三式宜供佛所用

"贝叶式"（《园冶》右图名）

前文已述，贝多罗树与菩提树叶都跟佛教密切相关，却完全不是一回事。它们都生在遥远的南国，中国的大多数古人，尤其是劳苦工匠们恐怕很难真的都见到过；而现代交通发达，资讯丰富，继续混为一谈、继续以讹传讹就不太应该了。

但作者发现，其实1949年前后出版的一些现代园林景观和美术纹样设计的专业文献中，也曾有过多位大师级的严谨作者，并没有采取人云亦云的态度继续称这种纹样为"贝叶纹"，而是称（滴水叶尖形态不太明显的）类似树叶形的纹样为"秋叶纹"（秋天脱离树枝的单独一片树叶）。下图是从《营造法源》中复制出来的，已经弄不清究竟是原作者姚承祖先生还是增编的张志刚先生，对计成称为"贝叶"的门洞改称为"秋叶"，而没有继续沿用"贝叶"。

因此，贝叶纹跟"贝多罗树的叶子"抑或"贝叶"毫无关系。

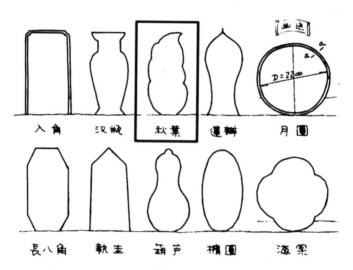

《营造法源》插图复制件

秋叶纹基础纹样

秋叶锦基础纹样

左右菩提叶纹（虎丘）　　　旋转菩提叶纹（西园）　　　中心菩提叶纹（狮子林）

借此机会，作者建议将上述以"滴水叶尖"为特征的纹样正名为"菩提叶纹"。101页图那样"滴水叶尖"特征不太明显的叶状纹样，可以跟着姚承祖、张至刚这些大师改称为"秋叶纹"。

26）葵纹（葵花纹）

"葵""葵花"和"向日葵"三者完全不同，所以，"葵纹""葵花纹"和"向日葵纹"当然也不是一回事（参27 向日葵纹）。

"葵"是古代的一种重要蔬菜，泛指"葵菜""冬葵"等，在中国和东北亚邻国的历史上有过长期的显赫地位。不同种类的葵，形状也不尽相同。古代文献中有很多对"葵菜"的描述。唐代以后，国情开放，大量新品种蔬菜从西域等地引进培植，葵菜逐渐衰落以致被淘汰。李时珍在《本草纲目》中说："今人不复食之，亦无种者。"所以，五百年前的明代，葵已退出日常餐席。

《旧唐书》引申出"葵藿向日"的成语，表示对明君圣主的耿耿忠心。长期以来，"葵"除却充饥佐餐入药的物质功能外，还有着象征"耿耿忠心（倾叶向日）""爱护下属（卫其足，蔽其根）""审时度势"等寓意。

至此，"葵"和"它的花"能被作为一种"纹样"流传于世就不奇怪了。在这一点上，日本人似乎比我们分得更清楚。

三叶葵（日本贵族纹样）　　葵纹基础纹样　　　　　　　　葵花纹基础纹样

本书收录类似"葵纹"和"葵花纹"的花窗约五例，有些已经很难辨认了。下图列出一些实例供参考。请注意左上图是"葵花纹"，不是"葵纹"。

葵花纹漏窗（沧浪亭）

葵纹漏窗（虎丘）　　　　葵纹漏窗（沧浪亭）

葵花纹漏窗（虎丘）　　　葵纹漏窗（艺圃）　　　　葵纹漏窗（拙政园）

27）向日葵纹

向日葵原产地为北美洲，在中国种植的历史很短：16世纪来到中国，18世纪广为种植，1820年才有"向日葵"的称呼，沿用至今。

按苏州园林始建年份的先后顺序排列：虎丘（周），寒山寺（梁），沧浪亭（五代），狮子林（元），拙政园（明），留园（清），西园寺（清），怡园（清），网师园（清）……考虑到"向日葵"是明朝末期才从欧洲传入中国，可知，只有拙政园以后的园林中所存类似向日葵纹之花窗，才有可能是建园当初的原物。

其实，我国园林建设在三千多年前就已起步，一千多年前私家园林兴起。而园林花窗，特别是漏窗，则晚至明代中后期才出现，大约只有四百年的历史。所以，现存的园林花窗几乎都是后来修缮复制的，现存园林花窗中甚至还能看到用现代水泥工艺制作的，所以这种花窗的历史就不会太长。

鉴于这种原因，在中国古代纹样、古董中很难找到"向日葵纹"。

向日葵纹基础纹样

法轮纹

向日葵纹

"向日葵纹"和"葵花纹"中都有个"葵"字,但它们完全没有关系(参见26 葵纹)。花窗中的"向日葵纹"多以大圆盘及布于圆盘周围的花叶为特征。上页左图所示一例有文献定义为"向日葵纹",其实应该是法轮纹(金轮纹)(参见19 法轮纹)。

向日葵纹

28) 海棠纹

"海棠"二字,含义甚广,如西府海棠、垂丝海棠、木瓜海棠、贴梗海棠,是木本的树;又如秋海棠、四季海棠、竹节海棠、蟆叶海棠、吊钟海棠等,却是草本;海棠果,只能算得一种地方水果;江浙一带街边还有一种边做边卖的海棠糕,"海棠"又是糕点的名称。

在园林花窗中,海棠纹样占有极为重要的地位。经作者统计,"海棠纹"是现存所有花窗纹样中出现得最多的,可见海棠纹在古代园林建筑装饰中的重要性。因现实中的海棠花品种繁多,所以,海棠花纹的变化也甚大。

自然界中的海棠花多为五片或更多片花瓣,而作为图案纹样中的海棠花纹样却要遵守约定俗成四个花瓣的规矩。作者以为,这大概是为了区别于梅花五瓣纹样做出的妥协(参见29 梅花纹)。园林花窗中的海棠图案,是经过高度抽象化的四瓣造型,实际使用中时常跟如意纹合二为一,形成"如意海棠"。海棠纹可作为整幅花窗的主体图案,也可以作为辅助图案。在园林花窗和古建筑的具体应用中,海棠花纹还可与跟其他花纹组合起来,更加丰富了海棠纹花窗的吉祥寓意。

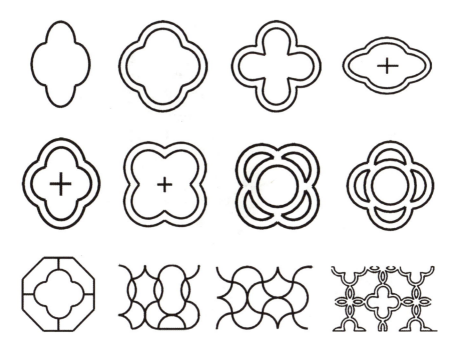

海棠纹基础纹样

下面这些园林花窗中的海棠纹，要么稳居花窗中心，要么几乎独占花窗的大部分空间，或者位居中心再加上多个边角；再配合夔龙纹、如意头纹、菩提叶纹、十字纹、卍字纹、方胜纹等，组合成丰富多彩的图案。海棠花在春天盛开，所以常常成为春天的象征；海棠的"棠"字跟"堂"字同音，寓意阖家美满幸福；中国传统把海棠与玉兰、牡丹、桂花相配，有"玉堂富贵"之意。

海棠纹花窗

海棠纹花窗

29）梅花纹

几千年来，中国人对梅花喜爱有加。文学艺术史上，有关梅的成语、故事、书画等文艺作品的数量之多，足令其他花卉望尘莫及。

梅花在国人心中还有幸福吉祥的寓意：

岁寒三友（松竹梅）梅居其一，四君子（梅兰竹菊）以梅居首；

梅能"御寒开花"，能"老干新枝"，还是"花中寿星"，常被古人用以象征不老不衰；

因梅多为五瓣，民间又借其表示五福：福、禄、寿、喜、财（或长寿、富贵、康宁、好德、善终）。

因此，自古以来，"梅花纹"就是我国最喜闻乐见的传统寓意纹样之一，被广泛应用于玉器、瓷器、雕刻、服饰、书画、家具、建筑，当然也被应用于园林花窗中。

梅花纹可以单独运用，也可以与其他纹样混合应用，譬如时常跟牡丹纹、如意纹、灵芝纹等混合使用，获得更为复杂的深层寓意。在一幅图画或花窗中，如果同时出现松、竹、梅，或者竹、石、梅（常见于捏塑漏窗中），表现的就是"岁寒三友"主题。随着时代的发展，梅花纹在情感象征和吉祥寓意两方面都被赋予更加丰富的内容。

梅花纹在花窗中，通常会跟其他的纹样联合应用，不会单独作为主要的纹样，下图的六例花窗，有五例只是在中心部位有一个不大的梅花图案，四周围以其他纹样。判读其寓意就必须结合周围的图案来综合考虑。如下图左上在梅花的四周围着冰裂纹，组合成所谓冰梅纹，寓意高风亮节、冰清玉洁，梅花香自苦寒来等（参见2 冰裂纹）。又如下图右上，四角四朵梅花，加上中央的芝花纹就组成了"五福长寿""五福同堂"等。

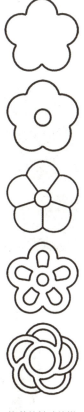

梅花纹基础纹样

梅花纹花窗

30) 栀子花纹

以栀子花为内容的古诗词有很多。栀子花六瓣，芳香沁人心脾，寓意爱情孕育过程平淡而持久，洁身自爱和坚韧醇厚的爱情生活。

栀子花

明　剔红栀子花纹香盒

拙政园

沧浪亭

栀子花纹花窗

31）菱花纹（菱叶纹）

作者之前想当然地以为"菱花纹"就是菱开的花那种形状，但是查阅了很多跟"菱"有关的文献资料，几乎见不到"菱开的花"是什么样子，纠结许多年后才知道：菱在五六月开小白花，只在夜里开放，白天合上，花随月亮的圆缺而转移方向……怪不得极少见到"菱花"的照片。经多番搜索，终于找到菱花的清晰照片一幅，非常珍贵。（右上图）

菱花[1]

见到菱花的照片后，愈加疑惑：为什么菱开的花，形状跟传统"菱花镜"的样子毫无相似之处呢？

直到有一天恍然大悟：原来"菱花镜"的形状并非"菱开的花"，而是"菱的叶子"组合后的轮廓，"菱花纹"其实是"菱叶旋转组合后的纹样"。

在中国传统文化中，菱花纹与荷花纹一样，都象征出淤泥而不染的高洁美好。

菱花纹主题花窗

园林花窗中，以菱花纹作为主题的实例并不太多。在其他的实例里，还有更加抽象的菱花纹。

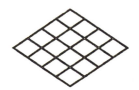

菱形纹（非菱花纹）

极简的菱花纹

---

1. 中国科学院. 果实藏在水中的水生植物——菱角.

32）牡丹纹

牡丹作为一种观赏花卉，始于隋朝盛于唐。唐代李正封"国色朝酣酒，天香夜染衣"一句，反映了牡丹花的"国花"地位。

牡丹纹的表达手法有独枝、交枝、折枝、串枝、缠枝等，构图方式有适合式、对称式、均衡式、连续式等。现存的元、明、清三代的牡丹纹装饰多用作主纹，工笔写实，一丝不苟，图案精致，装饰效果强烈，将牡丹花的国色天香、雍容华贵表现得淋漓尽致。

下图花窗照片，牡丹纹作为主要花纹，通常居中，花蕊有四瓣、六瓣和八瓣之分，外侧花瓣旋转分布，形状多为如意头形。因为花窗结构上的需要，主花纹的四周用花瓣或其他纹样填满，可引申出更多的吉祥寓意，所以有时候也可以定义为"宝相花"等纹样。牡丹纹花窗给人的总体感觉是丰满、华美、高贵、变化丰富。

牡丹纹花窗

33）莲花纹（荷花纹）

莲花又名荷花、水芙蓉等，因其独有的高贵品格，为历朝历代的文人们所赞颂，咏莲的诗句更是数不胜数，以北宋周敦颐的"出淤泥而不染，濯清涟而不妖"流传最广，成为古往今来人们吟诵的佳句。人们称莲花为"花中君子"，以赞誉人的气节与风骨。

莲花纹有龟心荷叶、莲花、莲瓣纹、鸳鸯戏荷、双鱼戏荷等，形式多样。莲花纹从魏晋南北朝开始流行，是中国古代传统吉祥图案之一。南北朝至唐代，莲花纹都作为纹饰存在，从宋代开始变为辅助纹饰。元代至清代，莲花纹衍生出很多形式，如缠枝莲、把莲、并蒂莲等，经常跟动物纹样一起构成图案。

莲花有丰富的吉祥寓意。如莲花和鸳鸯组合的图案是对美满婚姻的祝福；一枝莲花的图案寓意"一品清廉"；莲与莲的组合图案为"连生贵子"……

莲花在中国是少有的儒教、佛教、道教三教共享之物，所以，以莲花为主题的花窗或有莲花参与其中的花窗，在西园寺、寒山寺、虎丘等寺庙园林，以及沧浪亭、狮子林这样的曾经是寺庙的园林中比较多见，并且已经高度抽象化，以至于很难辨认判别。

莲花纹花窗

34）柿蒂纹（柿纹）

柿蒂纹兴起于春秋战国，流行于汉代，因其中一些花纹的形状像柿子分作四瓣的蒂而得名。自古至今，柿蒂纹的应用实例非常丰富。

园林花窗中的所谓柿蒂纹，其实包括了柿子与蒂二者结合的形象，大多以八角形代表柿子，中心的海棠或者斜方花纹为蒂，繁简、大小不一，相邻各组线条互相借用，套成"柿柿"以合"事事"之意。

柿蒂纹基础纹样

本书中收录的柿蒂纹主题花窗分布于八个知名园林中。

柿蒂纹花窗

35）葡萄纹

葡萄纹是中国传统文化中广泛流行的一种吉祥装饰纹样，主要寓意为多子多福。

秦汉时期，葡萄由西域传入中国，葡萄纹饰的工艺品也随之传入。秦国都咸阳皇宫就有作为装饰图案用的葡萄壁画。唐宋以后，葡萄图案作为装饰纹样广泛运用于器物装饰、雕刻、剪纸等领域，成为中国装饰文化的重要组成部分。

或许是因为葡萄纹在花窗中实施起来不那么容易，所以，葡萄纹的花窗并不多见。本书共收录葡萄纹花窗两例，狮子林的一例是堆塑工艺，非常难得；耦园的一例是半堆塑工艺，串串葡萄藏在夔龙纹之间，颇为精致。

葡萄纹（狮子林）

葡萄纹（耦园）

36）橄榄纹

中国南方种植的橄榄（不是象征和平的油橄榄）是我国特有的亚热带常绿果树之一，属于橄榄科橄榄属，主产在广东、广西、福建、台湾、四川等地。北方谓之青果，南方称为橄榄，是茶余饭后的食用佳品。我国是全世界栽培橄榄最多的国家。

园林花窗中的橄榄纹，图案使用了类似橄榄果的形状，简化成重复排列的六角形。

"龟锦纹"也是重复排列的六角形，但基本上是正六角形，以上下部分水平的直线段为多（参见44 龟纹）；而橄榄纹多是被压扁了的六角形，上下两端部分多为尖角。

橄榄

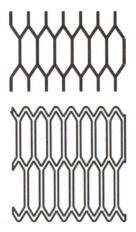
橄榄纹基础纹样

橄榄纹花窗

37）桃纹（寿桃纹）

桃原产于中国，最远可以追溯到先秦，《诗经·国风·周南》即有《桃夭》一诗，"桃之夭夭，灼灼其华"。中国古代传说中，桃是一种可以延年益寿的仙果。

桃符作为最早的门画，俗信可以"降妖伏魔，辟邪趋利"。

桃纹基础纹样

本书中收录了四例以桃为主题的花窗，全部用堆塑工艺制作，其中三例在狮子林，一例在沧浪亭。四例桃纹花窗全都枝叶繁茂，挂满硕果，非常逼真。

桃纹一（狮子林）

桃纹二（狮子林）

桃纹三（狮子林）

桃纹（沧浪亭秋窗）

38）石榴纹

《本草纲目》引《博物志》云："汉张骞出使西域，得涂林安石国榴种以归，故名安石榴。"石榴有"千房同膜，千子如一"的特征，被古人视为多子多福、子孙繁荣的象征，所以将其作为吉祥寓意的传统图案。

石榴纹（沧浪亭冬窗）

大概是因为"石榴纹"在园林花窗工程中实现起来不容易，本书中只录得一例，非常珍贵。这例石榴纹花窗现存于苏州沧浪亭，为"捏塑"工艺而成。

39）葫芦纹

葫芦作为中国吉祥文化符号的代表，历史悠久，且有着重要的地位和深厚的文化内涵，包括了吉祥祝福、生殖崇拜、宗教信仰、辟邪趋利等众多寓意。葫芦纹与其他纹样配合运用后，还能派生出更加丰富的含义。

我国古代民间就有以葫芦等为多子象征的信仰，是植物纹样。后来道教兴起，葫芦被纳入道教的体系，成为道家八宝之一。佛教的传入和扩散，又给葫芦增添了新的内容，成为佛家八宝之一。儒家又习惯将葫芦作为绘画图案、造型装饰使用。葫芦就成为儒教、道教、佛教三教都敬奉的宝物，又是一种器物法宝纹样。葫芦还谐音"福禄""护禄"，葫芦的"蔓"与"万"谐音。因此，在中国的传统装饰中，葫芦和葫芦纹占有不可替代的重要地位。

葫芦纹可与其他纹样一起组成复合图形，如与灵芝组成如意绵长，与盘长纹组成万代盘长，与牡丹组成富贵万代等。下面是比较典型的四例葫芦纹花窗，其中狮子林的一例为堆塑，非常精细珍贵；退思园和环秀山庄各有一例，干脆以葫芦的形状为花窗的外形，很别致；虎丘的一例也有可能被判读为瓶纹。

葫芦纹基础纹样

葫芦纹漏窗（虎丘）

葫芦堆塑花窗（狮子林）

葫芦形花窗（退思园）　　　　葫芦形花窗（环秀山庄）

40）蔓草纹（卷草纹、唐草纹、忍冬纹、缠枝纹）

蔓草纹的形态也时常被称为卷草纹、忍冬纹或缠枝纹，有些行业还因其细微的差别而将之为"卷枝纹""卷叶纹"等，说的都是这一大类纹样。

唐代以后，卷草纹上已包含了明确的茎和叶，奠定了其基本格式。因为卷草纹、忍冬（俗称金银花、二花）纹和缠枝纹这三者在大量文献里的说法都不完全相同，很难找到权威的解释，所以在不十分严格的语境下，特别是在非图案设计专业人士们之间，习惯统称为蔓草纹。这种装饰纹样流传到日本，在日本被称为"唐草纹"，对日本古代装饰艺术也产生了重大的影响。

蔓草纹在唐代开始流行，

蔓草缠夔龙花窗（留园）

同一时期,印度佛教也在中国流行,蔓草纹在历史变迁中糅合了来自印度和佛教的元素,是中华民族吸纳外来文化而改造出来的新纹样。

"蔓草纹"并非一种特定植物的形象。从字面上看,"蔓"即蔓生植物的枝茎,也就是"爬蔓的草"(《现代汉语词典》),由于它滋长延伸、绵绵不断,因此人们寄予它有茂盛、长久的吉祥寓意。

也许因为这种纹样在花窗领域实现起来不太容易,所以,本书中仅收录到一例,非常珍贵。

41)芝纹(白鹤灵芝纹)

长期以来,很多行业,各种文献中对"如意头纹""如意纹""灵芝纹""芝纹""芝花纹"并无精确定义,这就造成了人们的困惑与滥用。其中,如意纹(如意头纹)几乎就是伞状菌类灵芝的头部形态或某些云纹的形态(参见56如意纹)。

"芝纹",跟灵芝毫无关系,而是来自一种叫作"白鹤灵芝"的植物。

白鹤灵芝(花如群鹤)　　　　　　　　白鹤灵芝(花如白鹤)

下面两幅图从《营造法源》里复制而来,并保留了它们原来的名称——"芝花纹"(参见42 芝花纹)和"瓦花纹"。在作者看来,为了区别于"伞状菌类的灵芝",不致引起歧义,称之为"白鹤灵芝纹"或"芝纹"更为确切。

芝花纹(《营造法源》图版四十七)　　瓦花纹(《营造法源》图版四十八)

芝纹基础纹样

芝纹(白鹤灵芝纹)的主要寓意在于祝福,祈愿健康长寿等;芝纹还常跟竹、水仙、桃、月季等纹样组合成新图案,赋予新的寓意。

"芝纹"在花窗图案中的地位与"海棠纹"类似,以"芝纹"为主题或配角的图案,在花窗家族中占有相当重要的位置。

四处芝纹五处芝花纹　　　　　　　　　　　　　中心芝纹

中心芝花纹　　　四处芝纹　　　八处芝纹

42）芝花纹

"芝花纹"是对芝纹的补充。"芝花纹"就是芝麻的花，寓意步步高升，前途无量，"芝麻开花节节高"；日子越过越好，前途光明有奔头。

在纹样方面，芝花纹与芝纹虽然有点差异，却区别不大（参见41 芝纹）。"芝花纹"的特征是，中心部位有一个圆，以代表芝麻的花，所以称它为"芝花纹"。

芝花纹基础纹样

在纹样应用实践中，芝花纹可以单独成锦，也可以跟海棠、芝纹、如意等纹样组合出更多的寓意。

芝花穿海棠（陈御史府）

芝花主题（留园）

芝花主题（虎丘）

芝花主题（环秀山庄）

芝花如意（留园）

（4）动物类

花窗纹样中最常见的动物类纹样有：鱼、蝉、蝙蝠、蝴蝶、乌龟，等等。

43）蝙蝠纹

蝙蝠的"蝠"谐音"福"，是吉祥幸福的象征。"福"字在中国人的词汇里占有很重要的位置，衍生出大量跟"福"字有关的词语和吉祥图案——这是从文字上讨彩头，从吉利话中求吉祥的实例。

蝙蝠纹基础纹样

在传统建筑和古典园林中，有大量蝙蝠纹的应用实例。蝙蝠纹主题的园林花窗数量较多，因为堆砌工艺的限制，很难做到跟其他工艺品一样写实、精细，但这并不妨碍工匠们用高度抽象化的简单线条组成惹人喜爱的形象，并表达美好的愿望。

四角蝙蝠纹一

四角蝙蝠纹二

四角和四边蝙蝠纹

福在眼前（拙政园）

蝠衔寿桃（福寿双全）

四角蝙蝠纹三

44）龟纹（龟锦纹、龟背纹）

龟纹是历史悠久的传统纹样。龟是四灵（龙、凤、龟、麟）之一，历史上还有很多文献记载龟甲能卜凶吉。在古人看来，一个龟甲就是小小的宇宙。龟还代表高官厚禄，是权力的象征。

龟纹是我国古时常见的装饰纹样之一。龟纹分罗地龟纹、灵锁纹、龟甲纹、六出龟纹、交脚龟纹等多种龟背纹样，其变体纹有数十种。

纹样领域的"龟纹"除了出现在乌龟背上的天然花纹外，还有更多广义的解释，譬如不规则的裂纹叫作龟（jūn）裂，最常见的就是土壤开裂的纹样，冰的裂纹等，有时候它们也被称为"龟裂纹"，与冰裂纹类似，是无规律的裂痕。

而龟纹（龟背纹、龟锦纹）则是有规律可循的六角形，以及不等边的六边形，或者跟其他纹样组合成的变体。近现代寓意健康长寿、无灾平安。

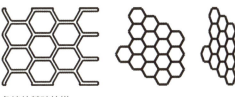

龟锦纹基础纹样

龟纹和由龟纹组合成的龟背锦具有很强的装饰性，简洁而不简单，规整而又庄重，在中国传统建筑中时常可以见到。园林花窗中的龟纹大多是正六角形，折线段可以在水平方向或垂直方向。

龟背锦花窗

龟背锦穿花篮

龟纹海棠花窗

龟背锦穿梅花

中间龟纹

125

45）蝴蝶纹

"蝴蝶"几乎被世界上所有的民族作为美的代表。在中国数千年来，"蝴蝶纹"一直是一种古老而典型的装饰纹样。从建筑用的滴水到日常饰物，都有蝴蝶形象的应用。

另外，蝴蝶的蝶字跟"耄耋（màodié）"的"耋"谐音，有"长寿"的寓意。而"蝴"与"福"谐音，构成了"长寿""多子多福"的寓意。蝴蝶纹与其他图案配合起来，还能产生更多不同的寓意。

蝴蝶纹基础纹样

作者收藏的以蝴蝶为主题或有蝴蝶纹参与的花窗照片，有些已经高度抽象和变形，不太容易辨认了。一般以蝴蝶状躯干、翅膀、触须为辨认依据。

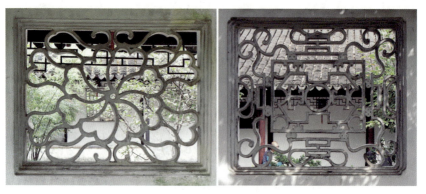

拙政园

严家花园一

虎丘

网师园

留园

严家花园二

46) **鱼纹**

在中国传统文化中,"鱼"是喜闻乐见、经久不衰的艺术形象。人们通过对鱼纹的丰富想象力,运用夸张、变形、叠加等手法,创造出各种各样的鱼纹,有写实的鱼、阴阳鱼、几何鱼、抽象鱼或以金鱼造型的泥塑玩具,等等。

鱼纹泛指由鱼纹和其他相关纹样组合而成的纹饰，如鱼藻纹、双鱼、连体鱼、变体鱼、人鱼、鱼兽、鱼物等形式。鱼纹是我国历时最长、运用最广、民俗功能最多、民间性最强的传统装饰纹样。作为经典的传统纹样，鱼纹是人们情感意识对自然物象的升华，体现了和谐、淳朴、含蓄的人文思想。

鱼纹基础纹样

吉庆有余（网师园）

鱼纹（沧浪亭）

47）鱼鳞纹

鱼鳞纹是重复阵列的圆弧形鱼鳞状花纹，在瓦搭花窗中应用较多。弧形的鱼鳞纹层层叠叠、错落有致，其寓意与鱼纹类似（参见46 鱼纹）。鱼鳞纹还常见于"瓦花墙"（参见第一章2节）。

鱼鳞纹基础纹样

耕乐堂　　　苏州园林博物馆　　　虎丘一

虎丘二　　　　　　　　　　　　瓦花墙（同里罗星洲）

个园

48）卧蚕纹

养蚕、缫丝、纺织是中国历史悠久的生产形式。蚕也就常被看作创造财富的象征。

卧蚕纹很简单，而园林花窗中的卧蚕纹更是极度简化，因此占用花窗空间的比例也不会太大，也一定不会成为花窗的主题，而是经常出现在花

129

窗中几个纹样之间的过渡位置，或者靠近窗框的边缘位置。判断时注意跟"元宝撑"（参见66 元宝撑）的区别。卧蚕纹有财富像蚕丝一样源源不断，丰衣足食的寓意。[1]

卧蚕纹基础纹样　　　　　　　　　　花窗图案中极简的卧蚕纹

卧蚕纹花窗

---

1. 鲁杰. 中国古建筑艺术大观. 成都：四川人民出版社，1996.

49）豹脚纹

豹形似虎，比虎略小，身上有斑点环纹，凶猛善搏，且善于隐藏。所以豹不仅代表勇猛，还是韬略的象征。与虎一样，豹的图案在古代也是武职人员的等级标志。明代三品、四品武官官服绣虎豹图案，清代三品武官绣豹图案。

民俗将性情凶猛的豹与喜鹊画在一起，取二者的谐音"报喜"。《唐书·五行志》："韦后妹尝为豹头枕，以辟邪。"豹脚纹又寓辟邪之意，与饕餮纹的寓意相同。又《周易·革》云"君子豹变，其文蔚也"，比喻人的行为变化很大。刘峻《辩命论》"视彭韩之豹变，谓鸷猛致人爵"，指汉初彭韩、彭越、韩信等人因军功赫赫被封王侯。

豹脚纹基础纹样

豹脚、豹纹图用于建筑及各种器具时，具有辟邪、改变、上进的象征寓意。

《营造法式》卷二十九列出三式传统豹脚纹。最后两幅豹脚纹花窗，有文献对这两幅花窗定义为"如意头纹"（参见56 如意纹），这是不对的。

豹脚纹　摘于《营造法式》卷二十九

豹脚纹（耦园）　　　　　　豹脚纹（虎丘）

50）金蝉纹（蝉纹）

至迟从两千多年前的战国时代起，一直到明清，蝉拥有非常严肃的寓意，并得到广泛的应用。蝉能够作为传统寓意文化中的重要象征之一，自然有它物种属性以外的意义，大概可以概括为出人头地、事业有成；隐忍轮回、蜕壳重生。

由此产生了大量与蝉有关的纹样和物件，当然也包括花窗。

狮子林所示的花窗，上下左右有四处蝉纹；拙政园、怡园的是以蝉纹为主题的花窗，出于两个不同园林，纹样图案却几乎一样（不是混凝土制品），这种情况，在苏州园林花窗中并不多见。

金蝉纹（狮子林）　　　金蝉纹（拙政园）　　　金蝉纹（怡园）

（5）物什类

物什类纹样来自日常喜庆纳福、避凶趋吉的用品，还有文人雅士们的日常用品，譬如折扇、琴棋书画、花篮、花瓶、灯笼、钱币、如意、银锭、方胜、定胜、盘长、绦环、书条、献礼、竹节、席纹、冰裂纹，等等。

51）灯笼纹（灯笼锦）

中国人自古以来就习惯在节日、喜庆的场合"张灯结彩"，这里的灯就泛指包括各种彩灯、宫灯在内的有光源在中间的笼状物，即灯笼。这种悬灯结彩的喜庆氛围，不仅能照明，更是表达了人们追求美好生活的愿望，具有十分积极的意义，慢慢地成为"中国年"的重要标志之一，因此广为流传。

直到现代，中国人站在离家万里之外的异邦街头，只要见到高悬的红灯笼，就顿时亲切无比。"灯笼"几乎跟"龙"一样，是极具中华文明特色的符号。

因"灯"谐音"丁"，意味着人丁兴旺，所以，过去每家每户都有字姓灯，悬挂在屋檐下和客厅中。而灯笼纹样，几乎无一例外地用于表现喜庆主题。

整个灯笼可分为上、中、下三部分，中间的主体部分膨大凸出，上面有部件用以系带悬挂，下部有飘带用来装饰。

值得注意的是，"灯笼锦"这个称呼，并不是灯笼纹被铺满的意思，而是一种织有灯笼纹样丝织品的专有名称。

灯笼纹基础纹样

灯笼锦

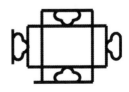

灯笼如意

灯笼纹花窗

52）方胜纹

《辞源》："优越美好的事物叫胜。"用金银箔、罗彩剪作动物形状的头上饰物，称彩胜，又称幡胜；剪裁或镂刻成人像形的，称为人胜；成花形的称为花胜，又称华胜；菱形相叠的称为方胜，又称同心方胜，寓意无穷无尽的美好与吉祥。

"胜"作为妇女头上饰物的记载，最早见于《山海经·西山经》所载西王母"蓬发戴胜"。经过长期的沿革，"胜"泛指所有用来束发簪头或佩于腰间的饰物。

"方胜纹"在纹样中的表现非常突出，多以几何图案的形式出现，亦可独立成为图案纹饰，或与盘长纹结合组成方胜盘长、套方胜盘长等（参见54盘长纹），成为中国古代重要的吉祥几何装饰纹样。

方胜纹基础纹样

  下图所示方胜纹主题花窗五例，系由方胜纹与卍字纹、银锭纹、海棠纹、绦环纹、如意纹等组合而成，可寓意"优胜""定胜""同心""吉祥如意"等。

方胜纹花窗

53）花篮纹

  八仙传说由来已久。前文介绍过古人用八仙手持的宝物来替代八仙本尊（参见17 暗八仙纹），而暗八仙纹样中，替代蓝采和本尊的花篮应该就是中国最早的花篮纹了。今人观念中的"八仙"群体大致形成于金元时期，但以暗八仙纹来替代八仙的时间则找不到相对权威的说法。

  以下花篮为主题的花窗造型优雅，形态各异。花篮纹花窗寓意幸福喜庆。花篮纹花窗大多呈左右对称的形态，多有明显的提手和篮子形状，比较容易分辨。

花篮纹基础纹样

花篮纹花窗（拙政园）

花篮纹花窗（网师园）

花篮纹花窗（沧浪亭）

花篮纹花窗一（虎丘）

花篮纹花窗（狮子林）

花篮纹花窗二（虎丘）

54）盘长纹

"盘长纹"是中国人最常用的传统吉祥纹样之一，常见的中国结就是盘长纹实例。"盘长"还是佛门八宝八吉祥（轮、螺、伞、盖、花、罐、鱼、盘长）之一。

"盘长"最早称为"盘肠"，后来逐渐被称为"盘长""幸运盘""吉祥结"等，象征贯通天地万物的本质，象征美好事物生生不息、绵延不断，成为祈求幸福吉祥的符号。

盘长纹的样式非常丰富，还可衍生出"套方胜盘长""方胜盘长""万代盘长""百吉盘长""四合盘长""葫芦盘长""梅花盘长"等众多样式。

盘长纹基础纹样

盘长方如意

盘长纹花窗

55）瓶纹（花瓶纹、汉瓶纹）

瓶纹在中国传统装饰上用途较广泛，"瓶"与"平"谐音，寓意安泰、平安、如意。瓶本身的造型变化丰富，美观漂亮，适合作为纹样。

作者收藏了瓶纹花窗照片近二十例，其中沧浪亭平升三级花窗和狮子林瓶形窗框轮廓直接用了花瓶的外形，比较别致。瓶纹在应用中与其他主题纹样搭配起来比较容易，凡需突出"平安""太平"之处，均可应用。瓶纹还时常被用作园林洞门的轮廓形状。（参见附录）

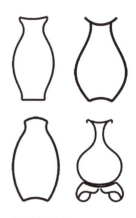

瓶纹基础纹样

平升三级花窗（沧浪亭）

插花的花瓶（拙政园）

双瓶花（沧浪亭）

瓶花（西园）

瓶形窗框（狮子林）

如意座瓶花（网师园）

56）如意纹（如意头纹、灵芝纹、云纹）

"如意"二字，可以是形容词，如"称心如意""万事如意""吉祥如意"等；也可以是名词。

最早的如意，柄端是手指形状、挠痒痒用的，古代叫作"搔杖"，现代人叫作"痒痒挠""不求人"或"孝子手"，形状就像个小耙子。

宋代以后，如意的作用起了变化，已由实用器向陈设器过渡，并和吉祥图案联系起来。"如意纹"便是由名词"如意"引申而来的形状，代表了形容词"如意"的寓意。"如意纹"（如意头纹），基本上就是灵芝的头部或"云纹"（参见16 云纹）的头部形态。"如意纹""如意头纹"与"瓶""戟""磬""牡丹"等结合，还可构成民间广为应用的"平安如意""吉庆如意""富贵如意"等吉祥图案。

作者收藏了以"如意纹"（如意头纹）为主题的花窗照片五十多例，数量排名仅次于海棠纹，位列第二，可见这种纹样受欢迎的程度，及其重要性。

如意纹多数是由三条弧线围合成一个类似灵芝头部或云形头部的形状，入角为多、偶见出角。曲线形状优美，很容易跟其他的图案组合；无论作为主题图案还是配角图案都相宜。

另外还有一种叫作"豹脚纹"的纹样，其形状跟如意纹非常相似，也是一种应用广泛有深刻寓意的传统纹样，很容易跟如意纹混淆（参见49 豹脚纹）。

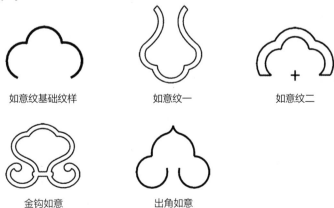

官帽如意一　　官帽如意二　　如意海棠一　　如意海棠二　　如意海棠三

如意灯笼锦　　如意葵花一　　如意葵花二　　如意梅花　　祥云如意

藤茎如意　　头头如意　　如意扇面　　如意云海棠　　如意云纹

常见的如意纹组合

如意纹花窗

57) 绶带纹

绶带纹通常可指向两种不同的具象,一是以绶带鸟为主题的古代装饰纹样,二是古代官吏佩官印所用的彩色丝带。

园林花窗中的绶带纹,因材料和工艺的限制,不能跟瓷器、织物和绘画那样细致传神,所以很难有"绶带鸟"的形象。

绶带也可能是指古代官吏佩官印所用的彩色丝带,绶又与寿、授谐音,寓意高官与长寿。

绶带纹基础纹样

园林花窗中的绶带纹只能以系官印的"绶带"来代替,"漏窗"中也很难表现跟绶带有关的题材。下图是使用捏塑形式表达绶带的宝贵实例(全部采集于苏州木渎虹饮山房),绶带虽然不是主角,但是仍然占据了大部分面积。这些绶带既是配饰又是结构件,飘逸高雅,动感十足,设计和施工都十分出色。

暗八仙之扇(绶带)

琴棋书画之画(绶带)

58) 银锭纹(定胜纹、锭胜纹)

说起银锭纹,很多人认为其为元宝的形状。但真正的元宝中间并不像影视剧中那样有凸出来的部分,颜色也不是金黄色或银色,甚至表面粗糙、满是气孔。

据文献记载,"元宝"名称始于元朝,元朝至元三年将平淮库(当时国家银库)的白银熔铸成"锭",凡重量达50两者,即曰"元宝"。

而作为纹样图案存在的"银锭纹",根本不是元宝的形状,而是下图宋代的束腰板形的银锭。这种形状还被称为"定胜",据传与韩世忠梁红玉抗金,杨家将捐躯抗辽有关。江南著名的点心"定胜糕",便是这种形状。因此,"定胜纹"的名称也更为普遍。

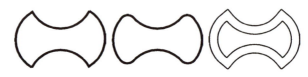

南宋正乙郎拾两银锭　　　定胜纹(银锭纹)基础纹样

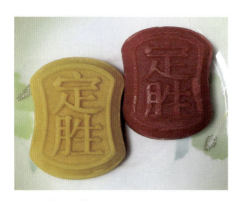

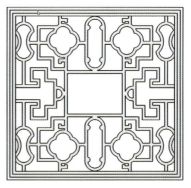

江浙一带的定胜糕　　　　四角定胜纹

银锭纹(定胜纹)的"锭"字与"定"谐音,有确定、肯定的寓意,一般不作为花窗的主题,而是经常与牡丹纹、灵芝纹、蝙蝠纹等其他纹样组合,得到不同的寓意。另有一图较为特殊,以银锭纹(定胜纹)作为花窗的外框形状。

左右定胜纹

四个类定胜纹

上下定胜纹

中心定胜纹一

上下左右定胜纹

中心定胜纹二

中心定胜纹三

中间两定胜纹

四定胜纹　　　　　　　　　　　　　　边框定胜纹

上下四定胜纹　　　　　　　　　　　　四角定胜纹

59）扇纹（折扇纹、扇面纹、便面纹）

"扇纹"，是指折扇扇面的形状。在园林花窗中，折扇扇面（古人亦称便面）的形状可以作为花窗外廓，也可作为花窗内饰纹样（景窗棚子），一般用来表达高雅、潇洒、豁达的意境。

扇纹基础纹样

另外，"扇"与"善"谐音，所以也有象征"善行""行善积德"的寓意，跟其他纹样配合后还可获得更为丰富的理想和意味。扇形纹样可以作为花窗的外廓形状（如下面两张扇形边框图），也可以设置在花窗的中心成为"景"（如其他图）。

扇形边框

中心折扇形一

中心折扇形二　　如意扇纹

60）风车纹

风车在道家也被叫作"八卦风轮"，认为其可以驱魔、镇宅、降妖。小小风车寄托着人们很多美好的愿望，而风车纹在园林花窗中多应用于漏窗、木窗、石窗。

风车纹基础纹样

八风车纹半窗

八风车纹长窗

风车银锭（虎丘）

四风车金钩如意海棠

二十四风车纹

九风车纹

八风车纹

61）古钱纹（轱辘钱纹）

本书七十余个不同纹样中，只有古钱纹代表的实物是古今中外、男女老少每个人都喜欢的。苏州评弹里戏称它为"孔方兄"，它还有其他数不清的绰号：青蚨、泉（汉代）、白水真人、上清童子、没奈何、紫绀、错刀、赤仄、官板（明代）、阿堵物、邓通、不动尊、盘缠、头寸、银根、大团结、吆洞洞……

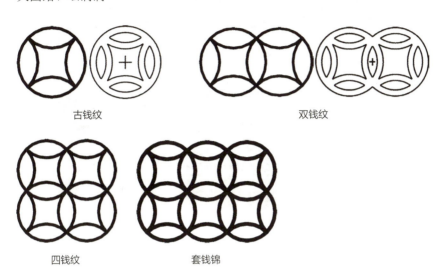

商品的生产与交换促生了货币和对货币的崇拜，以钱币作为装饰纹样就很自然地发生了，下图是一些古钱纹的典型应用。

古钱纹的典型应用

古钱纹在园林花窗中的应用也很常见，下页图就是一些典型的实例。

双钱芝花海棠　　　　　四钱方胜龟锦　　　　　古钱葫芦

瓦搭古钱芝花　　　　　古钱锦纹　　　　　　　中心双钱冰纹夔龙等

62）献礼纹

献礼纹的来历和纹样特征，用文字说不太清楚，因此作者专门绘了下面这些图用来辅助说明。下图有三箱礼物的俯视图，右侧为简化后最基本的献礼纹纹样。而下页上方右侧是多箱礼物及其俯视图，即较为复杂的献礼纹。

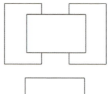
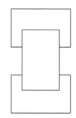

三箱礼物图　　　　　　三只箱子的俯视图　　　　献礼纹基础纹样

多箱礼物

多箱礼物的俯视图

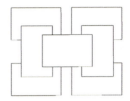

献礼纹复杂纹样

下图是比较简单的献礼纹石窗，以及献礼纹在漏窗中的应用。

三个箱子的献礼纹石窗

多个箱子的献礼纹石窗

九个箱子的献礼纹漏窗一

多个箱子的献礼纹漏窗

九个箱子的献礼纹漏窗二

九个箱子的献礼纹漏窗三

十五个箱子的献礼纹

六个箱子的献礼纹

二十一个箱子的献礼纹

63) 四艺纹（四雅纹）

四雅（四艺），指的是"琴棋书画"四种古代雅艺，又称雅人四好，是古代文人从小就要学习的四门功课。需要特别提出的是，"琴棋书画"中的"书"，原意是指"书法"；不过，在设计中，想要用极其简单的纹样来寓意"书法"，绝非易事。工匠首先想到的（也许是唯一的）是用书法的工具——毛笔来代指"书法"。但是，毛笔在中国传统纹样中还有更重要、更为广泛的谐音寓意——"必（笔）定"，所以，有些"琴棋书画"的图案（包括花窗）把琴棋书画中的"书法"附会成书的样貌，尽管不太恰当，却也是无可奈何之举。

琴、棋、书、画四个主题的花窗，内容虽多，但每个园林的应用数量并不多，本书收录此类花窗8例，都是不太普遍的主题。

琴（陈御史府）　　　　　　棋（陈御史府）

书（陈御史府）　　　　　　画（陈御史府）

琴（狮子林）　　　　　　　棋（狮子林）

书（狮子林）　　　　　　　画（狮子林）

64）书条纹（竖条纹）

"竖条纹的直棂窗"从汉至唐一直是各种建筑的主要窗棂形式。本来用来通风透光的直棂窗，逐渐被用作园林花窗，原先的竹木材料也被陶瓷等替代。古代线装书上的格子就是竖条纹，久而久之，这种竖条纹便有了"书条纹"的名称。

另有一种"书条纹"相当于下页左图的中间，或者中图的两侧的部分重复阵列。含有"书条纹"的园林花窗并不多见，右图大概是仅有的一例。

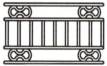

银锭书条纹基础纹样
（参见 58 银锭纹）

台北林本源宅

上海豫园

台北士林官邸

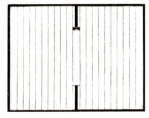   

古代线装书示意　　　　　　　　　　　　　　书条纹（环秀山庄）

65）金钩纹（菊花纹）

很多外国人对于中国人能够仅用四个汉字（成语）描述一个历史故事、一种人生哲学而钦佩不已，"金钩"二字也是汉字表意简明扼要的实例。"金钩"最早指一种"形似剑而曲"的兵器，后来其中的"金"字，寄托了无限美好的希冀；"钩"字，又突出其形状特征和用途。

园林花窗图案里几种金钩纹大致呈弧形，两端弯成钩状，再加两个圆润可爱的小点。园林花窗传统图案里，还时常把"金钩"跟其他纹样结合在一起，形成新的吉祥图案，以"金钩如意"和"金钩海棠"最为常见。

金钩出角莲花

金钩海棠

金钩纹基础纹样

金钩如意

金钩纹花窗

66）元宝撑

在传统木质隔扇、园林花窗中，有很多被称为"元宝撑"的基础纹样。"元宝撑"名称中"元宝"二字来源于多处元宝的形状（下页左上图上部）；而"撑"字，是因为它们大多起支撑作用。当然，同时还有装饰作用。

元宝撑这种形状，有时也被解读成卧蚕纹或工字纹，其寓意当然是对元宝（财富）的希冀。

 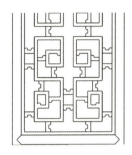 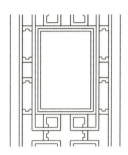

元宝撑基础纹样　　　元宝撑花窗常见形式

元宝撑花窗

（6）文字类

汉字经过长期的发展演变，蕴含了中国人的心理情感和审美意趣，体现了民族传统造型艺术的发展渊源。文字类纹样是一种直奔主题的手法，譬如直接使用文字或者将其稍微变形后作为花窗图案。被图案化和艺术化的福、禄、寿、喜四个字，变化多达百种以上；还有倒福、双喜等特殊字体形象，以及招财进宝、黄金万两、春景常安、日进斗金等解体字、合体字等。这些文字往往被图案化、艺术化，成为人们容易理解的一种吉祥符号。

67）福字纹

下页上图均为福字漏窗。

福字纹漏窗

68) 禄字纹

禄字纹多以团禄纹的形式存在,和寿字纹区别的特征,便是对鹿角的会意。

团禄纹基础纹样　　　禄字纹花窗(沧浪亭)　　　禄字纹花窗(拙政园)

禄字纹花窗(怡园)

69) 寿字纹

　　寿字经过多年的图案化，形成了多种寿字纹和团寿纹。寿字纹属于比较常见的主题，分布在各知名园林中。作者收藏了寿字纹花窗照片四十多幅，下图中展示其中的一部分。大多数寿字纹花窗比较容易判读分辨，但也有例外，譬如本页图狮子林、虎丘，下页图怡园。

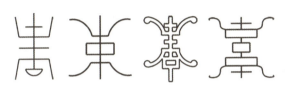
寿字纹基础纹样

团寿纹基础纹样

沧浪亭

拙政园

虎丘

艺圃

狮子林

寿字纹花窗组图一

狮子林　　　　　　拙政园　　　　　　怡园

寿字纹花窗组图二

70）囍字纹（双喜纹）

囍字纹是中国传统装饰纹样之一，是变体汉字纹的一种，读作"双喜"（双僖）。用两个"喜"字合成，寓意双喜临门，喜上加喜，也成为民间常用的装饰纹样。

拙政园

园林花窗中直接用"喜"或"囍"作为纹样图案的实例并不普遍，本书共收录五例，三例在苏州拙政园；另外两例分别在扬州瘦西湖和苏州沧浪亭。

拙政园（中心双喜）

瘦西湖　　　　　　沧浪亭　　　　　　拙政园（寿喜）

囍字纹花窗组图

71)"亞"字纹

关于"亞"字的含义,有多种解释,如杀伐或权力,又如背叛、对峙;有拂弼辅佐、明辨是非的意思;还有人认为与古人祭祀有关的信仰有关。

因为"图必有意,意必吉祥",而"亞"字寓意有两面性,所以,留存的古代亚字纹应用的实例并不常见。

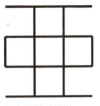

亚字纹基础纹样

也许因为其结构形状在工程中比较容易实现,所以园林花窗中,类似"亞"字的纹样却随处可见,大多为硬景漏窗。但是,大多数"亞"字的纹样,看起来像是众多纹样的线条无意中形成的,并非刻意为之。另有一些花窗实例是可以认定在设计时已确定是要以"亞"字为主题的。这种构图特点,在判读欣赏花窗纹样及其寓意的时候要注意区分。

中心亞字

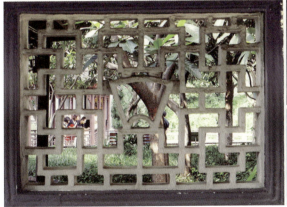 

左右亞字

众多亞字

上下亞字

四个亞字

72）诗文窗

"诗文窗"或"诗窗"，属于"文字主题花窗"的范畴。因为汉字表示复杂含义的准确度高于图案，所以此时用文字来直接表达寓意的方式无疑是最理想的。用连排的花窗、整句的诗文作为花窗主题的做法，只有苏州吴江的退思园一处。

退思园连排花窗

退思园的花窗数量较多，最有特色的就是九幅一组、以整句诗文为主题的花窗。在九幅普通漏窗的中心位置，留一矩形，各嵌一字，拼起来读就是"清风明月，不须一钱买"。字体奇巧古拙，采用先秦金文（为秦始皇统一文字前的大篆，即籀文）；文句出于李白的《襄阳歌》："清风朗月不用一钱买，玉山自倒非人推。"至于文字周围的纹样，无非是如意、海棠、卧蚕、卍字、花篮、蝴蝶、柿蒂、龟背、寿字、菱形、九子、献礼等纹式，在其他园林中也可见到相同或类似的，并无太多特色。

清风明月不须一钱买

2.寓意表现手法

自古以来,我国的装饰纹样,几乎都有一定的寓意,"物必饰图,图必有意,意必吉祥"。可以说,人们有多少种愿望,就有多少种寓意的纹样图案,不一而足。这是中国人特有的审美文化心理,逐渐形成了以"吉祥"为主的图案特色。

纹样是民族意识形态的显现和文化灵魂的流露,它们甚至跟语言、文字一样,成为民族认同和民族凝聚力的重要组成部分之一。

常见的花窗纹样寓意表现手法大致有以下几种:

第一,象征。这是园林花窗最常见的手法之一。我们常用具体的事物特征来表达某种特定的意义,这种手法已经被民间广泛认可。譬如松、竹、梅象征人品高洁,牡丹象征富贵,桃和仙鹤象征长寿,喜鹊象征喜庆,元宝、铜钱象征财富,花篮、灯笼象征喜庆,琴棋书画象征高雅脱俗,葫芦、石榴、葡萄象征多子多孙等。还可以把各种具有象征意义的物品组合起来,综合表现更加复杂的寓意,譬如把松、鹤组合在一起,寓意"松鹤延年";将牡丹和桃放在一起,寓意富贵长寿,等等。

第二,实体。最直接的表达方式就是用文字或实物来传递信息。"福""禄""寿""喜"四个字最为常见。

第三,借代。借代是将一些题材当作代表某种特殊意义的记号。例如"暗八仙"。这种已被大众认可的替代方式在园林花窗中还有很多。

第四,谐音。谐音是借用与题材名称同音或读音相近的字、词,组合成某种吉祥语。谐音是中国文化中使用最广泛、最接地气、最常见的寓意表现手法,例如用美化了的蝙蝠代替"福"字,年画里的"鱼"表示"年年有余""富足有余"……有些纹样元素既有象征比拟等意义,又可以通过谐音组成吉祥题材。如莲常与鱼组合寓意"连年有余"。古钱象征财富,又因钱与全谐音,两枚古钱为"双全",十枚则称"十全"。"笔"与"必"同音,常常用来与其他具象的物体组合成"必定平安""必定高升"等。在古典园林花窗里,我们可以找到大量谐音的图案。

3.结构特点

园林花窗的纹样图案要受到所用材料和技术的限制,几百年来,逐步形成了自己的特点。古典园林的匠师们要在有限的空间里,既要植入并传递足够的纹样寓意,又要照顾到人们对图案的视觉感受,还要保证花窗有足够的机械强度,三者要兼得,绝非易事。作者对收集的两千多幅花窗纹样实例进行分析,发现花窗图案的结构有以下几种类型:

第一,左右对称型(左右复制)。很多花窗是上下不对称、左右对称的(轴对称),即以中间的垂线为轴,左右两侧是对称的。

左右对称型

第二,十字对称型(四方复制)。下面三幅花窗的边框加上水平和垂直的中心线,就是一个"田"字,所以这种图案结构也被称为"田字格"对称。这是最为常见的花窗图案结构。

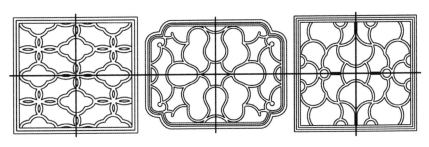

十字对称型

第三，米字格对称型（八方复制），又叫"斜分对称型"，即只要有了全部图案的八分之一，通过复制、镜像和旋转就可以得到全部图案。水平、垂直加上两条斜向的中心线，正好组成一个"米"字，是常见的花窗结构。

米字格对称型

第四，中心对称型。下图所示的这三个花窗图案结构是典型的"中心对称型"，即"旋转复制型"，只要拥有了图案中很小的一部分，经过旋转和复制，就能得到全部图案。"旋转复制"的手法，常见于"拟日纹""法轮纹""芝纹""海棠纹""如意纹""风车纹"等近圆形主题，这种构图手法在花窗图案中也是很常见的。

中心对称型

第五，阵列切割型。这种图案的基本元素是一个很小的基本纹样单元，如下页基础图左一是海棠纹，中图是六角形的龟背纹，右图是卍字纹，经过复制阵列，再切割出所需要的部分，形成完整的花窗图案。这种手法常用于对"龟背""绦环""海棠""芝花""万字"等纹样排列出整幅花窗图案，也是较常见的构图方式。用某种纹样按一定规律排列充满整个空间后的图案可称为"某某锦"。

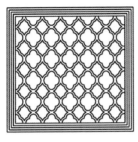 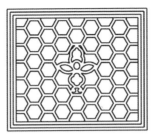 

阵列切割型

第六，无序型。所有的"冰裂纹"和某些"似是而非的花朵"图案，皆无规律可循，可以归入"无序型"一类。这一类图案的花窗也不少；无序型的图案可以独立形成一幅花窗，也可以跟其他的纹样一起，组合出更丰富的图案语言。

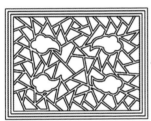  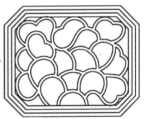

无序型

第七，组合型。只要稍微留意一下我们就可以发现，大多数花窗的图案都不是上述的单纯结构，而是属于"组合型"图案的花窗。"组合"还可以分成"主动的"和"被动的"：匠师们为了在一幅花窗中获得多种寓意，会把三四种甚至更多的基本纹样元素组合起来形成一个整体，组合时既要考虑寓意，又要考虑构图，结构上还要可行、易行，这种组合一开始就有明确目的，可以称为"主动的组合"；另一方面，有时候为了满足花窗结构上的需要，或者出于加固或者美化的目的，在主要纹样的四周或者四角加上一些其他的简单纹样，来填充空白的部分，这样的混合属于拼凑，解读不出纹样复合后的寓意，这就是"被动的混合"了。

组合型

园林花窗因为结构上、工艺上的特点和限制,所有的纹样图案必须被约束在一个矩形、圆形或多边形的框架内,所以花窗的纹样图案都属于图案设计理论中的"适合纹样""适合图案"的范畴。无论采用何种构成形式,花窗图案不但要漂亮,更重要的是在图案中植入丰富的寓意,这才是中国传统图案的真谛。

4. 布局和形式

自从老子的"有无相生""有之以为利,无之以为用"的理论面世以来,小中见大、少里见多的美学原则便成为中国传统诗文绘画乃至园林建筑的不二法则。沈复在《闲情记趣》里说得更为详细具体:……若大园亭楼阁,套室回廊……又在大中见小,小中见大,虚中有实,实中有虚,或藏或露,或浅或深……

花窗在古典园林中只是一个小小角色,却时常扮演画龙点睛的作用。看得见的花窗是实体,窗花图案背后所蕴含的寓意只能意会,显然也是虚的——虚虚实实之间的那一段正是园林花窗的精妙之所在。

漏窗经常在连续的墙面上成排成组地设置,利用虚实藏露引导人们游览的作用,比起平铺直叙式的直接端出,多了些情趣与诗意;空窗(洞窗)通常安排在两个不同景区之间,面对其中一个景区比较"出彩"的位置,通过窗洞看景,看到的只是实景中的一小部分;漏窗的外框形状以矩形为最多，有正方形、横或竖的长方形、也有少数圆形、椭圆形、多边形、梅花形等不规则的形状；连在一起成排的若干个花窗，如果有同样的外框形式，比较整齐，而窗框内不同的图案，又能得到一定的变化，可以获得规整又不失活泼的最终效果。

花窗设置的离地高度视其用途而异，在园林分区的隔墙、双面或单面的廊墙上，用于泄景引导的漏窗和框景所用的空窗，要考虑人们视线的高度，花窗的下沿离地高度多在一米到一米三之间，花窗的中心高度通常与成年男子视线差不多。如果花窗仅仅用来对墙面进行装饰或者通风透气，甚至防盗、减轻墙体重量、改善风压影响等目的，就可以把花窗设置在墙面上半部分很高的位置。

独立设置的花窗，往往有提示的作用，譬如门边的墙上有卍字纹、莲花纹、金轮纹、拟日纹的花窗，门里的空间多半（或曾经）跟佛教有点关系，业主也极可能是虔诚的佛教徒。而"平升三级"（瓶笙三戟）的花窗，则寄托了园主对升官的愿望。

分布:曲幽透漏,画龙点睛

独立完整的"民俗吉祥图案体系",在唐代与经济繁荣的两宋时期得到了快速的发展。到了明代中叶,社会相对稳定,人们的物质生活和文化生活水平得到大幅度的提高,出现了不少百万人口的城池,刺激了建造业,私家园林也应运得到较快的发展,带动了长江下游一带富庶之地造园业的兴旺,促使一批文人雅士与匠师们合作,共同设计修造了大批私家园林。从这些园林的细枝末节我们可以看出,文人雅士们在追求物质生活的同时,更加注重精神生活,点点滴滴中无不体现高雅脱俗的情调与生活品位。他们对门窗屋顶、墙面铺地、栏杆罩槅、家具陈设等细节无不精心设计,植入了数不清的迎祥祈福、高贵典雅的纹样图案,给我们留下了一大批宝贵的文化财富。

南方古典园林,特别是苏州的园林,业主中有不少是退休官僚、失意文人,接受过良好的教育,都懂一些诗画技艺,有些甚至是诗画高手。他们表达自己的愿望与感情时讲究雅致含蓄、委婉曲折、借象表意。跟一般民居不同,苏州园林建筑中,升官发财黄金万两一类过分俗气的纹样图案绝非主流,更多的是祈求清静平安、镇邪扬善、惬意舒适、万事如意、子孙多福等比较高雅的一类。

本章展示了长江下游历史上富庶繁华之地三十多个知名园林的花窗,它们通过图案语言向我们讲述历史,讲述它们主人的进退得失、荣辱喜悲,或无奈郁闷、失落彷徨;同样也能让我们看出一些当年的社会文化百态。

花窗就是南方园林的点睛之笔,作为中国园林建筑中特有的小品,是重要的组景元素。各式花窗是点缀园景的活泼题材,也是江南园林里的重要角色。研究各花窗的纹样和寓意,感受造园家和园主的意趣与志向,学习中华传统文化,不失为一件美事。

1. 苏州虎丘

与苏州的其他园林不同,虎丘是一座历史陵墓,所以花墙、长廊不多,历史留存性质的花窗也就较少。1980~1982年在虎丘西麓的东山庙遗址、隆祖塔院遗址一带,新建了万景山庄。虎丘的花窗也就主要集中于万景山庄的东南侧和东北侧围墙之上,大多只有几十年历史。

本书中虎丘的花窗照片拍摄于2013年,供读者欣赏参考。因部分花窗所在位置无法正面取景,故照片呈现仰角、侧偏等缺陷,为保留原状,未经加工校正;还有一些花窗被竹林藤蔓所严密覆盖,只能放弃,非常可惜。

万景山庄成排花窗

2. 镇江焦山

焦山的花窗主要分布于乾隆行宫、碑林和定慧寺等处的围墙，多为瓦搭花窗，纹样较为简陋，以瓦搭的芝纹、古钱纹居多。焦山也有少量砖砌花窗留存，用料壮实，故稍显粗鄙。焦山虽历史悠久，名胜古迹丰富，但它的花窗无论数量还是质量，跟扬州和苏州，甚至跟同一城市的金山相比，都差距较大。

焦山乾隆行宫一角与花窗

定慧寺一角

焦山乾隆行宫成排花窗

3. 镇江金山寺

金山寺的花窗部分为近年新制。以下花窗照片拍摄于2013年，当时作者因突发腿疾，不能登高，寺中最高处的花窗未能全数录入，非常可惜。

金山寺一角

连排花窗

连排圆形花窗（新）

墙脊瓦花墙（不常见）

镇江金山寺花窗示例

4. 苏州寒山寺

据《苏州园林花窗图案集》（1985年出版）介绍："寒山寺共有花窗十八幅。其中三幅为圆形图案，是佛教典型的律寺纹样；其余十五幅在长廊里，花窗外形直线方框，内以弧线图案为主，图案简练，自成一格，与古朴的寒山寺极为协调统一。"该书还给出了其中的十三幅花窗图样。

1985年至今仅三十余年，但经作者核对，书中当年所绘制的花窗仅能找到一幅，目前寒山寺实际留存的花窗，虽总量略多于书中所述的十八幅，但图形纹样已全然不同，似乎还有部分为市售混凝土预制品充斥其中，疑为近年庙舍修缮发展时拆除、更新所致。

苏州寒山寺花窗示例

5. 苏州沧浪亭

　　沧浪亭的三宝，也是苏州众多园林中独一无二的宝贝：一是园内的石刻苏州城地图，此图号称世界最早的城市地图，图上所标地名，很多至今还在沿用；二是苏州地区历代明贤榜，是业主用来教育子孙上进的，期待他们有朝一日如同先辈那样名垂青史、光宗耀祖；三是各回廊间的花窗一百零八款（其实不止此数），各不相同。

沧浪亭大门与石桥

大门左侧圆形大花窗（拟日纹）

大门右侧瓶形大花窗（平升三级）

6.扬州瘦西湖

瘦西湖中心区小金山琴室以北有一小区,设有多个小厅,厅对面的围墙如屏风折叠绵延。墙上有花窗二十余方,其中四方为磨制,其余出现的时代较晚,非磨制,但设计精巧,纹饰各不相同,为市内一般花窗之范本。[1]

非磨制的砖砌花窗,制作难度和制作成本都较低,一般瓦作技工均可制作施工,非常值得应用推广。

扬州小金山花窗示例

7.常州舣舟亭(东坡公园、东郊公园)

常州舣舟亭占地面积不算小,建筑和廊墙却不是太多,所以花窗数量也只有十多幅。除了几幅洞窗外,几乎全部都是捏塑窗,但制作精细,颇具特色。

---

1. 金川,李晋.扬州古代园林花窗.南京:广陵书社,2012.

常州舣舟亭花窗示例

8. 苏州网师园

  网师园的花窗,数量多且较有特色,几乎全为漏窗。以下照片拍摄于2013年。

网师园成排花窗一

网师园成排花窗二

苏州网师园花窗示例

9. 苏州西园寺（西园戒幢寺）

西园寺有花窗七八十处，数量仅略少于拙政园、虎丘和沧浪亭，多数集中在放生池周边，尺寸多为1.2米×1.2米。茶厅后花墙一带有连排十多幅尤为精细的花窗，可谓佳品。作者把2013年所摄照片（感谢西园寺档案室余文宗先生全程陪同）与1985年出版之参考文献对照，现存花窗与三十年前已有较大变化，疑为近年改扩建时更新所致。

西园寺园墙成排花窗

门侧花窗

廊墙成排花窗

苏州西园寺花窗示例

10. 苏州狮子林

　　狮子林的花窗也和假山一样独具特色，内容形式较为别致，其中尤以"琴、棋、书、画"四幅花窗（参见第二章63 四艺）以及瓜果花草为内容的花窗独具一格，以钢筋铁丝为骨，外塑石灰纸筋，栩栩如生。非但有精美的图案纹样，还发展了应用立体雕塑的流派风格。另有一些花窗在普通漏窗之间嵌以深色立体捏塑花草，也是其他园林中不多见的做法。

苏州狮子林花窗示例一

苏州狮子林花窗示例二

11. 南京瞻园

　　瞻园有花窗七十余处，软景、硬景、漏窗和瓦搭花窗都有一些，大多数漏窗的纹样图案与苏州园林中的类同。瓦搭花窗做得很考究，有些还镶了水磨砖的边框，这种做法不多见。最西边的墙上，在茂密植物遮挡的位置还发现了几幅石窗，透雕加浅浮雕形式，花式图案也与江南园林中常见的不同。

　　因拍摄时正下大雨，作者只拍摄到两幅，还有几幅被植物遮挡得太严，只能放弃，很是可惜。瞻园有几个洞门也较有特色，照片一并附于后。

成组花窗

瓶形洞门

海棠如意洞门

回纹瓶形洞门

云墙洞门

最西边墙上,植物遮挡位置发现有几幅石窗,仅拍摄到两幅

12. 苏州拙政园

　　拙政园的花窗数量为苏州园林之冠,尤以东边复廊中的连绵漏窗最为精致。透过漏窗观望园中景色,真可谓别有洞天,景外有景。拙政园在新中国成立前遭到严重破坏,所以部分花窗是新中国成立后新修建的,但并不因此影响到它们的身价。尤其是十八曼陀罗花馆前面花墙上的二十幅花窗,更是精品,图案纹样风格统一,极其优美。

拙政园成排花窗

苏州拙政园花窗示例

13. 苏州留园

　　留园园内曲廊单侧或双侧配以大量漏窗、洞窗，最知名的是古木交柯北面的连排花窗（下页左上图）。此廊为主要通道，天井狭窄，室内较暗，六幅花窗透入的光线，一为提高室内照度，二可在较暗的背景中，突出发挥"漏明"的作用，特别显眼醒目。

　　下页右上图所示为另一处连排花窗，"漏明""泄景"不输前述六幅。走近欣赏，依稀露出窗外花木山池，走完一排花窗，如同欣赏了一幅绝妙长卷，随着脚步轻移，看到的景色也在变化，诱人深入探幽。

　　除了漏窗，留园的洞窗（空窗）也非常出色，透过窗框，我们见到的是一幅幅鲜活的图画，朝晚有异，晴雨不同，四季分明；真花真草，真山真水绘成的画卷，引人入胜，美不胜收。本节花窗照片摄于2013年。

苏州留园花窗示例

14. 苏州艺圃

艺圃面积不大,廊墙不多,所以花窗数量也很有限,仅十多幅,以漏窗为主。本节所列花窗照片拍摄于2013年。

艺圃成排花窗

窄巷花窗一　　　　　　　窄巷花窗二

苏州艺圃花窗示例

15. 上海嘉定古猗（yī）园

　　古猗园的花窗不多，种类却不少，洞窗、漏窗、塑窗、砖雕、砖砌、瓦搭的都有一些。每种类型的数量都不多，真正留存的原物更少。大多数花窗看起来多为近几十年修缮所添置，部分为市售水泥预制件。在本书的沧浪亭、留园等章节可见到其原型的照片。

嘉定古猗园花窗示例

16. 无锡寄畅园

　　寄畅园及附近的景点，有数量相当多的花窗，估计总数在三百幅以上，可惜大多是瓦搭花窗，并且几乎所有瓦搭花窗都是千篇一律的"套钱纹"（芝纹）。即便连排有十多幅，甚至二三十幅花窗，也都是混凝土预制件重复出现，绝无例外，看起来有点单调乏味。

大量重复的瓦搭花窗

大量重复的瓦搭花窗

重复出现的混凝土花窗

间隔出现的混凝土花窗

下面几幅空窗照片，有些因窗外的景色不错，框景效果非常好。

空窗

以下三幅瓦搭花窗，中间的一幅"套钱纹"图案，是整个惠山景区瓦搭花窗的标准配置，重复了至少150次。

瓦搭花窗

另有多幅花窗，一半以上是混凝土预制的，重复设置的数量较多（每种只用一幅图片），另外不到一半可能是历史留存的，基本没有重复。只列举其中三幅。

其他花窗示例

因此，寄畅园及其附近景点的花窗，真正历史留存或独创图案的漏窗不会超过二十幅。寄畅园以及附近景点的花窗纹样图案变化不大，很少有独创的样式，当然也难以嵌入特别的象征和寓意。

寄畅园与拙政园、留园、艺圃等园林同为明代始建留存至今的江南古典园林，同样曾毁于战火，同样在新中国成立后屡经修缮，为什么在花窗的形式和内涵诸多方面竟有如此天壤之别呢？作者猜测，无锡至少在近两三百年来，一直是知名的工商业城市，跟苏州这样自古文人聚居，文化积淀深厚的"消费型"城市比起来，在思想观念上有很大的区别，从花窗和纹样上就可以看出明显的端倪。

17. 上海豫园

豫园虽然不大，花窗却不少，大概有七八十幅，且包括了各时期的洞窗、瓦搭、砖瓦木粉刷、砖砌、捏塑、砖雕、木雕等多种花窗形式。豫园的花窗有个非常引人注目的特点是做工精致，维护得也很好。

讲到做工精致，在"三穗堂""万花楼"和"点春堂"等建筑的外廊转角处，有一些花窗，四周是各式软硬景纹样，中间一方空间，各饰一幅捏塑吉祥图案，双面镶玻璃，绝大多数人看到这些花窗，都以为是以硬木为材料的细木作品，仔细观察后发现，它们其实是以砖瓦木为骨架，外面

砖瓦木骨架花窗

用纸筋石灰粉刷而成的。

只要看过下图破损处露出的砖木骨架和表面粉刷层，再回去看上面几幅照片，不由得对当年制作这些花窗的工匠们肃然起敬。如果他们此刻站在我面前，我一定要长时间地鼓掌，向他们表示敬意——这些花窗是作者关注过的几十处古典园林，几千幅砖瓦木搭砌花窗里，设计最为严谨，内容最为丰富，施工最为认真，成品最为精致的。可以说，看了这些花窗，更能加深对中国工匠精神的了解，他们理应得到最高的赞赏，值得所有从业者去观摩学习。

破损处露出的砖木骨架和表面粉刷层

除此之外还有同样精致的各式花窗。

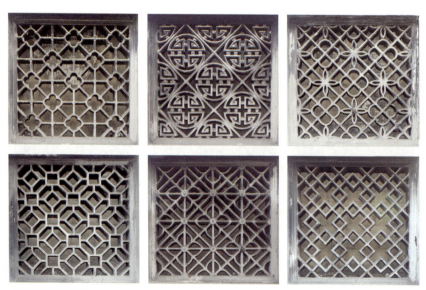

上海豫园花窗示例

18. 苏州同里陈御史府（珍珠塔）

御史府里的花窗虽多，在作者看来，似乎多为近年修缮时所新建。但也不乏优品，特别是琴、棋、书、画四幅比较知名（参见第二章63 四艺纹）。本节所列花窗照片拍摄于2013年。

陈御史府其他花窗示例

19. 苏州同里耕乐堂

耕乐堂的花窗虽然数量不多，但很有特色，有十多幅的瓦搭花窗和四幅砖细花窗。通常，瓦搭花窗多为粗制滥造，没有多少观赏价值。作者初见耕乐堂的这些瓦搭花窗，就彻底颠覆了对瓦搭花窗大多粗鄙的印象。耕乐堂的这十多幅瓦搭花窗图案精致，做工一丝不苟，在苏州园林的瓦搭花窗里可谓独一无二。

苏州园林与扬州不同，基本找不到像样的水磨砖细花窗。距苏州市区几十公里，在属苏州所辖的同里古镇耕乐堂，作者找到了疑似近年修缮新

门两侧的瓦搭花窗

成排瓦搭花窗

置的四幅砖细花窗。其幅面虽没有扬州何园、个园那么大，也远不及扬州园林那样精致，更没有悠久的历史，但总算填补了苏州地区砖细花窗的空白。（后来还发现狮子林侧贝家祠堂，现民俗博物馆里卫生间附近还有四幅很小的砖细花窗）

四幅砖细花窗

耕乐堂花窗示例

20. 苏州木渎虹饮山房

虹饮山房，俊秀疏朗，精致有序，移步换景，令人击节称妙。虹饮山房内的花窗，以塑窗为主，并且制作水平很高，从细节上就体现了它跟其他园林的不同，除了有"琴棋书画""暗八仙"等传统套装花窗外，还有十多幅传统吉祥图案为主题的塑窗，也具有很高的制作水平。

未进山房先见花窗

山房内成排塑窗

宽大长廊和成排花窗

除此虹饮山房中有几处塑窗，动植物搭配和寓意都非常传统，造型活泼，做工精细，栩栩如生，呼之欲出，非常难得。

松鹿延寿

松鹤延年

喜上眉梢

21. 苏州耦园

耦园的花窗有几幅颇具特色,为苏州园林所独有。首先要介绍的是带有如意扣浮雕边饰的拟日纹漏窗,造型精美,做工细致,誉为漏窗中的极品之一也不为过。

如意扣拟日纹花窗　　　　　侧视　　　　　　　　　细节

鹤寿亭厅内两侧的椭圆形花窗,两幅的图案略有不同,但都属于浮雕加透雕的砖雕漏窗,内外两圈都是类火焰的拟日纹,中间十字端部是如意头纹。

鹤寿亭厅内两侧的椭圆形花窗

另外，下面左图的花窗是在夔龙纹中间的空隙处，嵌入了很多小的立体雕塑，左右两侧各有四个葡萄串配藤蔓，上下两处如意结，寓意风调雨顺，子孙满堂，称心如意。中图则是在连绵如意结之间的空间嵌入了十二个藤蔓葫芦，寓意子嗣兴旺，吉祥如意。

右下图花窗图案叫作"如意祥云拱日"，全部为软景，构图优美，线条流畅，虽为漏窗但也留有些许捏塑的特点，做工非常精致。

苏州耦园花窗示例

22. 常州近园

常州的地理位置在苏、扬二州之间，近园的花窗既有扬州花窗精工细作、落落大方的特点，又不失苏州花窗的内敛和委婉。近园拥有花窗近四十幅，大约四成为瓦搭花窗，六成为砖细花窗。瓦搭花窗属于普通常见的一类；而砖细花窗据说为清初留存，较有特色：

第一是幅面普遍较大，这气派有点像扬州何园、个园砖细花窗；

第二是窗芯部分设计严谨，做工精致，直线和圆弧搭配有序，过渡自然。这点也像扬州的花窗，可惜几经修缮，反复涂饰，水磨的清水变成了浑水，已看不见拼缝细节，非常可惜；

第三是在窗芯图案的空隙处，点缀了深色的雕塑配件，或四季花卉小盆景，或桃枝，或海棠，煞是有趣，好看又好玩，真是"粗看细看都成文章"。类似的做法，在苏州园林里只有狮子林和耦园各留存两例。

窗芯点缀及细节特写

围墙成排漏窗

23. 苏州环秀山庄

环秀山庄的花窗，特点之一是高墙顶端的瓦搭花窗，之前提过，这种瓦搭花窗（瓦花墙）有防盗和减少风压的作用。

假山高墙一角

高墙端的瓦搭花窗

第二个特点是在西面贯通南北之廊的一侧墙上，有八块碑，每块碑的上面有一幅漏窗，八幅漏窗的窗框和窗芯内容各不相同，这种布置格局在其他园林中并无类同者。通常，在廊墙上设置漏窗是为"泄景"，起导引作用；而这些漏窗在这个位置出现，不是太协调，有点突兀。作者推测，这八幅花窗应是为了通风或采光而设——在这面廊墙的后面，一定还有需要通风采光的内容。绕到后面一看，果然如此。本节所列花窗照片拍摄于2013年。

廊、碑与特色花窗

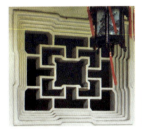  

苏州环秀山庄花窗示例

24. 木渎严家花园

严家花园里的花窗，虽然数量不少，大多数也是现场制作的，但图案纹样多有重复雷同。其中大多是软景或软硬景漏窗，很多纹样可在拙政园、沧浪亭等处见到其原型，有些还似乎像是混凝土预制件。本节所列花窗照片拍摄于2013年。

木渎严家花园花窗示例

25. 扬州个园

个园的花窗，除了在次要位置的三十多幅瓦搭花窗、两三处洞窗外，全部为水磨砖细花窗或砖砌花窗，其中主厅两侧的水磨砖细花窗最为精致，据作者实地测量，尺寸为2500毫米×1860毫米的有四幅，2600毫米×1400毫米的有一幅，甚至有一幅达到3500毫米×1850

水磨砖细花窗（3500mmx1850mm）

毫米。另有冬山南面高墙之上的二十四个风音洞，时而发出呼啸之声。

个园竹林围墙顶部，存有大量砖砌的花窗（参见第一章7节），这些花窗，虽然不是水磨精制，但也造型各异，绝无雷同，不乏精美之作。

水磨砖细花窗（2500mmx1860mm）　　水磨砖细花窗细节

扬州个园花窗示例

26. 扬州何园

中国古典艺术中,"意到笔不到"的表现手法在扬州何园中表现得淋漓尽致。何园花窗不但数量多,而且制作精,样式美。

靠近何园入口处有十多幅瓦搭花窗,其中有几幅的图案构成不同于常见的瓦搭花窗,不再是常见的简单几何形不断单调重复的图案构成形式,而是疏密相间,收放有度,活泼生动,一改瓦搭花窗死板单调的面孔。

何园入口瓦搭花窗

何园瓦搭花窗示例

何园花窗中，最与众不同的是它的洞窗（空窗）群。它们设置在廊壁上，楼上楼下各有六幅。人们透过花窗，就像在观看一幅幅流动的框画，移步换景，迷离多变，赏心悦目。这十二幅洞窗均以上好金砖为材料，锯刨砍磨出边框线脚，油灰镶砌、水磨而成。砖面光滑如镜，工艺极为精致，宛如工艺品。

何园洞窗（空窗）群

何园洞窗（空窗）示例

何园的花窗，数量最多的是"水磨砖细"和普通的"砖砌花窗"。在花园四周、人员活动频繁的区域，设置的是水磨的砖细花窗；在外围墙和非重要部位，几乎全数为普通的砖砌花窗。

何园的这几幅水磨砖细花窗跟十二幅洞窗一起，共同构成了何园建筑中非常出彩的部分。很多游客，包括作者本人，游览过何园后，对其余部分的印象可能不深，而独独记住了这些花窗。

水磨砖细花窗群

何园的"砖砌花窗"（参见第一章7节），数量有八九十幅之多，因为很多花窗长期掩埋在藤蔓植物和茂密的竹林深处，已很难见其真面目，很难摄影，只能忍痛放弃，所以下面的照片还远不是何园砖砌花窗的全部。"砖

砖砌花窗群

砌花窗"就是未经水磨，或略经磨制的，图案中只有直线硬景没有曲线的花窗，多用于不十分重要的部位。但何园的这些砖砌花窗，很多都是高水平的，有些已接近"水磨砖细花窗"的精细程度，比起个园的几十幅砖砌花窗要精致很多。看得出来，这些图案都是经过仔细计算、规划、设计的，即便在鲜有人至的角落位置，设计施工仍是一丝不苟，很值得当今的同行们学习。

以下挑选出竹竿藤蔓遮挡较少，还算看得清楚的两幅砖砌花窗的照片，供欣赏参考。

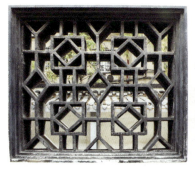 

何园砖砌花窗示例

27. 苏州同里退思园

退思园的花窗，数量较多，最有特色的是一组九幅、以文字为主题的花窗"清风明月不须一钱买"（参第三章72节）。本节所列花窗照片拍摄于2013年。

门口成排大幅花窗

苏州同里退思园花窗示例

28. 扬州小盘谷

  小盘谷的花窗不算太多，主要嵌在园东游廊墙壁上，除了高墙端瓦搭花窗外，还有几幅砖砌花窗，但图案还算精美，多为六角形、菱形，纹样为龟纹。几幅洞窗也颇有特色。

扬州小盘谷花窗示例

29. 苏州怡园

  怡园的漏窗数量有近六十幅（不包括洞窗和瓦搭花窗）。有几幅的图案结构和寓意颇为复杂，幅面较大，制作也很精美；有一幅硕大的洞窗，是天井，像舞台，更像巨型的画框。本节所列花窗照片拍摄于2013年。

廊侧漏窗群

硕大洞窗

漏窗群

苏州怡园花窗示例

30. 扬州汪氏小苑

汪氏小苑有一定数量的花窗,有瓦搭的,也有水磨砖细的。特别值得介绍的是居室外一堵花墙上的五幅漏窗,寓"五福"之意(右图)。中间一幅与其余四幅不同(右下图),左右方胜纹间配有砖雕吉祥物,中间一头大象,叫"万象太平";象背有桂花图案,大象前方有王母娘娘御用的蟠桃,寓"富贵长寿";大象上方是一只倒悬的蝙蝠,寓意"福到",大象下方另有蝙蝠面对来人,谓"迎福";从后面看两只蝙蝠叫"必有后福(必有厚福)"。

"五福"漏窗组合

汪氏小苑的水磨砖细花窗,虽然没有何园、个园的数量多,但同样很精致。还有两扇木质的冰梅纹漏窗,也较为罕见。

万象太平漏窗

万象太平(细节)

冰梅纹木质花窗

冰梅海棠纹木质花窗

31. 常州荆川公园

荆川公园的陈渡草堂规模不大，却拥有三十多幅花窗，主要分布在四周墙面和其中的廊墙等处。陈渡草堂的花窗可分为塑窗、漏窗和盲窗三类。在北面围墙朝外一侧，有八幅盲窗，纹样图案与苏州园林中某些知名漏窗类似，为菱镁水泥浇铸工艺生产，应为近年修缮所设。

十四幅漏窗主要由直线段构成卍字纹、十字纹和亞字纹等，配以少许海棠纹、银锭纹、古钱纹、扇形、圆形。它们没有苏州花窗的曲线缠绵委婉，也不像扬州花窗般的不惜重金精工细作，倒也自成一格，寓意明确。

最为难得的是八幅捏塑花窗，都是常见的主题，如鸳鸯戏荷、松鹤延年、凤凰牡丹、松竹梅一类，虽其构图和精细程度不及同里虹饮山房，但也算得古拙传神。

陈渡草堂内廊花窗洞门

陈渡草堂北侧盲花窗群

常州荆川公园捏塑花窗示例一

常州荆川公园捏塑花窗示例二

32. 苏州园林博物馆

苏州园林博物馆展品中，有省级二级、三级文物十多件，包括造园典籍与工具、园林古典家具、园林厅堂匾额、园林陈设物件及名人物品等。这些藏品多为园林旧物，充分反映了苏州园林精湛高超的造园技艺和精致典雅的景观艺术。右图展

泥瓦工具（花窗样板批刀等）

示的是制作园林花窗的传统工具，其中一些圆弧型的"弯尺"是用来制作软景漏窗圆弧的样板，展品中还有牛角和金属的抹灰刀（溜子）等。

苏州园林博物馆作为中国最早的园林专题博物馆，其历史文化底蕴，其丰富的藏品乃至模型场景、园林小品等，世上无人能出其右，值得业者和传统文化爱好者及早前往造访学习研究。

苏州园林博物馆花窗示例

33. 扬州东圈门

扬州东圈门历史街区有较多历史遗迹，其中汪氏小苑已经收录入本书，但这条街道本身并不属于古典园林性质。将东圈门收录入这本书，是因为街道一侧有较多花窗。虽然其历史不过二三十年，但如此规模化地把花窗这个传统文化元素运用到城市改造中的实例并不太多。尤其难能可贵的是，花窗摒弃了廉价的市售混凝土预制件，均为独立设计，单独精工制作，有瓦搭、砖砌两种；十多幅瓦搭花窗，图案纹样类似于何园、个园，做工精致。有些砖砌花窗，看起来图案花型差不多，因为都是手工搭砌，仔细对照，多少都有点差别，可以说八九十幅花窗无一完全相同，所以值得占用一节篇幅推荐一下，希望能成为城市改造、历史景点开发时候的借鉴。

扬州东圈门街侧花窗群（外盲窗）

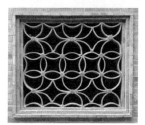  

扬州东圈门花窗示例

34. 台湾林本源园邸

林本源园邸中的景墙，可分为围墙、园墙、廊墙等，分布于园内外及各景点之区隔。有波浪形的云墙，阶梯状的阶梯墙，书卷形的书卷墙，以及屏墙。墙面上常凿设漏窗、门洞、空窗，除了采光通风实际功能外，更有营造视觉艺术之功能。林本源园邸之漏窗，形式之多样及造型之优美，堪称台湾宅院之冠。

以下图片为多年前去台湾旅游时从所拍摄的照片中挑选，可以看到其花窗的闽粤风格，虽然与大陆多数地区的花窗有较大的差别，但是其基本纹样，譬如蝙蝠、蝴蝶、寿桃、古钱、石榴、画卷等与大陆传统吉祥图案一脉相承，应该也有相同的寓意。

林本源园邸

台湾林本源花窗示例

│附录│

洞　门

中国南方园林中，洞门跟花窗一样，都是不可或缺的重要元素，也都有很多种图案和款式，变化丰富。其中有些洞门的形状，也可以赋予深刻的寓意，具体可参阅第二章。在园林景观设计中，洞门跟空窗有类似的美学价值，如框景，增加景深，分隔和导引，扩大空间视觉，获得深远幽雅意境的作用。

园林洞门大多不装门扇。供人频繁出入的洞门，面积较大，以近似矩形、圆形、拱形、海棠形等为主，轮廓形状变化不太多；一种以装饰和祈福目的为主的洞门，形状变化就较为丰富了，仅《园冶》推荐的就有二十多款。在现存的洞门中，尤以寓意"平安"的"瓶形"洞门为多。下面展示的是作者收集的部分洞门照片，供欣赏参考。

沧浪亭

耕乐堂

个园

耕乐堂

环秀山庄

嘉荫堂

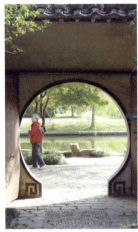
焦山

留园

曲水园

秋霞圃

汪氏小苑

参考文献

[1] [宋]李诫.营造法式.商务印书馆1925年宋绍兴刻本（影印版）.

[2] 姚承祖，张至刚.营造法原[M].北京：中国建筑工业出版社，1986.

[3] [明]计成.园冶.日本国立图书馆藏华日堂版（影印版）.

[4] 张家骥.园冶全释[M].太原：山西古籍出版社，1993.

[5] [清]李渔.闲情偶寄珍藏插图本[M].北京：中国社会出版社，2005.

[6] [清]李渔.李渔全集[M].杭州：浙江古籍出版社，2010.

[7] [清]钱泳履园丛话[M].北京：中华书局，1979.

[8] 楼宇烈.中华文化的根本精神[M].北京：中华书局，2016.

[9] 鲁杰.中国古建筑艺术大观门窗艺术卷[M].成都：四川人民出版社，1994.

[10] 阿海.雍正十年：那条瑞典船的故事[M].北京：中国社会科学出版社，2006.

[11] 金川，李晋.扬州古代园林花窗[M].扬州：广陵书社，2012.

[12] 彭一刚.中国古典园林分析[M].北京：中国建筑工业出版社，1986.

[13] 陈从周.中国园林鉴赏辞典[M].上海：华东师范大学出版社，2001.

[14] [美]朱迪狄欧（Jodidio, P.），[美]斯特朗（Strong, J. A.）.贝聿铭全集[M].李佳洁，郑小东，译.北京：电子工业出版社，2015.

[15] 崔晋余.苏州香山帮建筑[M].北京：中国建筑工业出版社，2004.

[16] 谢孝思.苏州园林品赏录[M].上海：上海文艺出版社，1998.

[17] 苏州民族建筑学会，等.苏州古典园林营造录[M].北京：中国建筑工业出版社，2003.

[18] 苏州市装潢设计公司.苏州园林花窗图案集.1985.

[19] 居阅时.庭院深处苏州园林的文化涵义[M].北京：三联书店，2006.

[20] 阮仪三.江南古典私家园林[M].南京：译林出版社，2009.

[21] 曹林娣.花窗[M]//曹林娣，等.图说苏州园林丛书.合肥：黄山书社，2010.

[22] 黄能馥，陈娟娟.中国历代装饰纹样[M].北京：中国旅游出版社，1999.

[23] 田自秉，吴淑生，田青.中国纹样史[M].北京：高等教育出版社，2003.

[24] 王其钧.锦彩纹饰[M].重庆：重庆出版社，2007.

[25] 班昆.中国传统图案大观（一）[M].北京：人民美术出版社，2005.

[26] 古月.中国传统纹样图鉴[M].北京：东方出版社，2010.

[27] 游琪，刘锡诚.葫芦与象征[M].北京：商务印书馆，2001.

[28] 日野崎诚近.吉祥图案解题.日本昭和15年平凡社，再版（1940）（影印版）.

[29] 周进.吉祥图案题解[M].北京：知识出版社，1988.

[30] [美]W.爱伯哈德.中国文化象征词典[M].陈建宪，译.长沙：湖南文艺出版社，1986.

[31] [英]欧文·琼斯（OwenJones）.Examples of Chinese Ornament.1867（影印版）.

[32] 符永才.民间石窗艺术[M].北京：人民美术出版社，1995.

[33] 华炜.中国传统建筑的石窗艺术[M].北京：机械工业出版社，2005.

[34] 梅军.凝固之美三门石窗艺术的文化品读[M].杭州：浙江人民美术出版社，2006.

[35] 张球.中国古代石窗[M].杭州：西泠印社出版社，2007.

[36] 刁山景.庐陵石窗[M].合肥：黄山书社，2008.

[37] 刘超英，陈丽英.石窗乾坤[M].北京：中国水利水电出版社，2010.

跋

我与苏州园林的第一次邂逅,是在20世纪80年代。父亲工作之余带我游览拙政园。第一次领略江南风光的少年,被楼阁轩榭、茂林修竹、花窗漏影深深吸引。那一刻,一枚东方美学的种子埋在我的心中,从此破"土"而发,引领我走上了建筑艺术之路。

多年之后,我因编写SketchUp(中国)授权培训中心教材而结识了孙哲先生。随着我们共同编写的一系列SketchUp官方教材陆续出版,孙先生和我也构建起彼此的信任与默契。正是这十二分的信任与默契,促成了这本《花窗:风暖度香丛》的诞生。

孙先生是苏州人,他常讲:"童年的我,日绕千年古桥顽,夜枕盛唐古桥眠,听惯了低吟浅唱吴侬软语,看熟了粉墙黛瓦小桥流水……我庆幸出生在苏州,能有机会在天堂般的文化氛围里接受熏陶。"自20世纪五六十年代起,孙先生就留心收集中国古典园林,特别是与花窗相关的图纸、照片及文献资料。2012年,他毅然辞去一切教学和设计任务,专心致力于园林花窗的文化研究。他辗转于苏州、镇江、常州、扬州、南京、上海、无锡等地,走遍了江南各处名园,通过反复现场踏勘,积累了大量宝贵的调研资料。这些扎实的工作成果为这一部《花窗》的撰写打下了坚实的基础。

感谢清华大学出版社责任编辑孙元元女士和她的同事们。孙女士作为一位资深的出版人,善于聚焦中国传统文化主题,这本《花窗:风暖度香丛》是她"梦园"书系中的一部。她为本书提出的宝贵意见,使本书内容更加精练,以便能够适用于更多的读者阅读。

中国传统文化博大精深。古典造园艺术是中国人美学的集中呈现。花窗作为园林不可或缺的结构要素,承载并展现着园主人内心境界的同时,以点串联起整个园邸的游线，起到"画龙点睛"的作用。当代建筑师、艺术家们通过对古典园林的研究与学习，往往能够从中获取更多灵感和启发，创作出具有现代"外形"又兼具传统"内韵"的优秀作品。这便是我们研习传统文化的意义所在。

潘　鹏

二〇二四年仲夏于北京心斋

潘鹏　高级工程师（建筑）、设计学硕士。毕业于清华大学、香港理工大学。现任北京央美创新城市建筑设计研究院院长、SketchUp（中国）授权培训中心主任。兼任中央美术学院城市设计学院教育推广与合作中心项目总监、暨南大学文化遗产创意产业研究院特约研究员、广东外语外贸大学艺术学院客座教授、泰国格乐大学硕士生导师、北京设计学会设计教育平台专家。

孙哲（SU老怪）　江苏理工学院退休教师，工程师，筑龙建筑智库专家，筑龙学社园林景观、BIM技术专业学术委员会委员，SketchUp（中国）授权培训中心副主任，SketchUp（中国）顾问导师，SketchUp（中国）标准通用教程编委会总顾问和主要作者。作者还在专业论坛"SketchUp吧"担任技术版主，发布过大量专业文献与视频作品，久获好评；在建筑、景观和室内设计领域，尤其是SketchUp应用领域有大量的实践成果。